Zu diesem Buch ○ Douglas Coupland hat gesagt: «Die universale Sprache der Welt heißt weder Englisch noch Microsoft, sondern LEGO.» Nur wenige Markennamen sind so bekannt, kein anderes Spielzeug so berühmt. «Kein Spielzeug, sondern eine Philosophie», so beschreibt Jostein Gaarder den Stein in «Sofies Welt». Seit drei Generationen wachsen Kinder in aller Welt mit den bunten Klötzchen aus Dänemark auf. 300 Millionen Menschen haben sich schon als LEGO Konstrukteure versucht und das nicht nur im Kinderzimmer. Auch Erwachsene bleiben mit Begeisterung bei den bunten Steinen. Die LEGO Story ist aber nicht nur die Geschichte einer genialen Spielidee, sondern auch eine faszinierende Familien- und Firmengeschichte. Aus einem winzigen Handwerksbetrieb wurde Europas größter Spielzeughersteller, der bis heute in Familienbesitz ist.

In diesem Buch erfährt man alles über die Geschichte von LEGO, über seine Erfinder und seine Weiterentwicklung bis zu den heutigen programmierbaren Spieleinheiten. Denn LEGO hat gemeinsam mit amerikanischen Forschern neue Möglichkeiten entwickelt, mit denen der Zauberstein auch im neuen Jahrtausend seine Faszination behalten wird.

Die Autorin ○ Margret Uhle arbeitete 16 Jahre in leitenden Positionen bei Frauenzeitschriften; mittlerweile ist sie als freiberufliche Journalistin tätig. Sie schrieb ein halbes Dutzend Sachbücher, viele Artikel und entwickelte Zeitschriften für einen Hamburger Großverlag.

Weitere Informationen über LEGO finden Sie im Internet unter www.lego.com

Margret Uhle

Die LEGO Story

Der Stein der Weisen

Rowohlt Taschenbuch Verlag

® Die Namen LEGO, LEGO PRIMO, LEGO DUPLO,
LEGO SCALA, LEGO SYSTEM, LEGO TECHNIC,
LEGO MINDSTORMS und LEGO DACTA
sind eingetragene Warenzeichen der LEGO Gruppe.

Veröffentlicht im Rowohlt Taschenbuch Verlag GmbH,
Reinbek bei Hamburg, Juni 2000
Die Originalausgabe erschien 1998 im Wirtschaftsverlag
Carl Ueberreuter, Wien / Frankfurt
Copyright © 1998 by Wirtschaftsverlag
Carl Ueberreuter, Wien / Frankfurt
Umschlaggestaltung Henning Dencks
Satz Minion PostScript, PageOne
Gesamtherstellung Clausen & Bosse, Leck
Printed in Germany
ISBN 3 499 60905 3

«Als Däne muß ich mit der Erkenntnis leben, kaum Einfluß auf die großen Ereignisse in der Welt zu haben. Wir können nicht plötzlich Tausende von Soldaten an den Golf schicken, um die Ölquellen zu verteidigen. Die Welt wird von Brüssel, Tokio und Washington aus gelenkt. Ihre Denkweise verdanken die mächtigsten Männer der Welt jedoch einem System, das in Jütland erfunden wurde. Fünf Milliarden Stunden spielen Kinder überall auf der Erde jedes Jahr mit LEGO Steinen. Damit werden sie in der empfindlichsten Phase ihres Lebens massiv von Billund aus indoktriniert. Eine subtile Form dänischer Einflußnahme, die Hollywood, das Pentagon und CNN bei weitem übertrifft.»

(Frits Bredal, Journalist, in einem Beitrag für
«The Cultural Magazine» der Danish Broadcasting Corporation)

Inhaltsverzeichnis

Das Wunder mit acht Noppen
9 ○ Eine Idee erobert die Kinderzimmer der Welt

Die atemberaubende LEGO Story
20 ○ Von der Tischlerwerkstatt zum weltweiten Multi

LEGOLAND Billund
87 ○ Die ganze Welt in der Nußschale

Jungen spielen ganz anders
108 ○ LEGO Spielzeug – «männlich besetzt»?

Die LEGO Menschen
117 ○ Billunds Designer, Futuristen, Juristen

Das LEGO Universum
130 ○ 50 Firmen in 33 Ländern

Noppenstein contra Mickey Mouse
144 ○ Die schönen neuen Welten der LEGOLAND Parks

«Kulturgut» Kunststoffquader
153 ○ 120 LEGO Männchen – Werbung für Millionen

Ygdrasil – der «Nobelpreis für Kinder»
162 ○ «Honigtau» für stille Helfer

Kurioses rund ums Klötzchen
168 ○ Zahnersatz, Planetenuhr, Reihenhaus für wirbellose Wassertiere …

LEGO Maniacs im Internet
177 ○ Das globale Dorf, aus Klötzchen gebaut

Die Computer-Klötzchen
182 ○ Denkspielzeuge für das digitale Zeitalter

Die LEGO Generation
197 ○ Eine Weltsprache wie Englisch und Microsoft?

203 ○ Quellenverzeichnis

205 ○ Bildnachweis

Das Wunder mit acht Noppen ○ Eine Idee erobert die Kinderzimmer der Welt

Lena ist zweieinhalb. Sie kann zwar noch nicht viel mehr als Mama, Oma, Blume oder Wauwau sagen – aber dafür kann sie schon einen Baum bauen! Sie greift in ihre LEGO Kiste und noppt fünf, sechs Vierknopfsteine übereinander. Dann vergreift sie sich blitzschnell am LEGO Haus ihrer älteren Schwester. Zwei daraus herausgebrochene Träger quer über den Stamm als Baumkrone, ein Achtknopfstein obendrauf – und fertig ist der Baum. Jeder erkennt ihn sofort.

Seit über 40 Jahren greifen Kinder auf der ganzen Welt zum bunten Kunststoffquader, dessen Farben an die Frische nordischer Sommer erinnern. Von einem dänischen Dorf aus eroberte er die ganze Welt. Der LEGO Stein ist heute erst halb so alt wie der Teddy mit dem Knopf im Ohr, der mittlerweile ins hundertste Lebensjahr geht, doch die Klötzchen haben bereits ebenso viele Fans wie das berühmte Plüschtier. Der weltweite Output an LEGO Steinen liegt bei sagenhaften vier Billionen, einer Zahl mit 12 Nullen also, und demnächst spielt in 137 Ländern bereits die dritte Generation mit dem eher unscheinbaren Noppenstein, der in seiner achtknöpfigen Urform genau 4,9152 Kubikzentimeter mißt. Damit ist der LEGO Stein eine der erfolgreichsten Design-Ideen unseres Jahrhunderts. Eine firmeninterne Studie rückt seinen Bekanntheitsgrad in die Nähe von Coca-Cola und Volkswagen.

Kinder wie Lena, ihre Geschwister und ihre Eltern machten den LEGO Stein zu einer ähnlich weltumspannenden Kommunikationsform wie die englische Sprache. Das Geheimnis des Spiel-Phänomens, das längst nicht mehr ausschließlich in Kinderzimmern zu Hause ist, liegt darin, daß groß und klein aus den bunten Atomen so gut wie alles bauen kann, was die Phantasie ersinnt: Bäume, Tiere, Menschen, Häuser, Autos, altägyptische Paläste, gleißende Raumfahrtstationen, unterirdische Grotten für Nixe und Wassermann – und Phantasiegeschöpfe wie etwa die «Fliegende Giraffe» der siebenjährigen Berlinerin Mona. Oder ein Wesen, das sein Erfinder als «Zauberblumen-Eumel mit Samenrolle, Propeller für Flugreisen und eigenem Gewächshaus» bezeichnet. Der Schöpfer dieses Fabelwesens heißt Simon Heinzel, wohnt in Homburg-Ingweiler und ist sechs Jahre alt. Der 15jährige Olav Nielsen, der bei Billund lebt, verblüffte mit einem 62 Zentimeter hohen Roboter mit mehreren eingebauten Programmen. Das sonderbare Wesen kann gehen, sich drehen, mit grünen Augen blinken und funkeln, verschiedene Dinge in seinen «Händen» tragen und Spaghetti essen und verdauen. Hat er eine Portion gekaut, fällt der Output auf einen kleinen Wagen, der auf Schienen hinten wieder aus dem Roboter herausfährt.

Ein weltberühmter Fan der Steinchen heißt Norman Mailer: 1965 brachte der Schriftsteller mit etlichen Freunden mehr als drei Wochen damit zu, eine über zwei Meter hohe Stadt aus LEGO Elementen zu bauen – «Vertical City», wie er sein Werk nannte. Heute, dreißig Jahre später, steht das bunte, luftige Gebilde, eine Art futuristischer Mont St. Michel, noch immer als origineller Blickfang mitten im riesigen Wohnzimmer des Mailerschen Hauses in Brooklyn Heights, New York. Und der Architekt von «Mailertown» ist von seinem Bau nach wie vor hell begeistert: «Damals, als wir das Ding konstruierten», verriet er kürzlich in einem Interview dem «New Yorker», «fühlte ich mich wie Le Corbusier. Jeder Stein steht für ein Appartement. In meiner Stadt gibt es insgesamt 12 000 Wohnungen. Ganz oben in den Penthäusern hausen die Philosophen. In den weißen ‹Bricks› wohnen die Callgirls, in den schwarzen hausen die kleinen Leute.»

Was die Baustein-Wunderwelt im Innersten zusammenhält, ist eine ab 1958 patentierte Kupplung aus Noppen (= Knöpfen, Zapfen) auf der Oberseite eines Achtknopfsteins und drei in seinem hohlen Inneren nach unten gerichteten Röhren. Mit Innenkanten und senkrecht verlaufenden Graten bildet dieses System eine haltbare Klemmverbindung. Schlichter ausgedrückt: Die acht Knöpfe auf der Oberfläche eines simplen, an die fünf Kubikzentimeter großen Kunststoffsteins passen maßgerecht in die Zwischenräume zwischen den Knöpfen des nächsten Steins. Eine bestechend einfache Grundidee!

Die Wiege dieses intelligenten Verbundsystems steht in dem winzigen dänischen Dorf Billund in Jütland. Dort lebte ab 1916 der Tischler Ole Kirk Christiansen mehr recht als schlecht von Tischler- und Zimmerarbeiten. In den harten dreißiger Jahren, während der großen Wirtschaftskrise, kam er auf die Idee, für die Bauern Trittleitern, Bügelbretter und Melkschemel herzustellen. Später erweiterte er sein Angebot um Holzspielzeug und fabrizierte unter anderem lustige Wackelenten und Feuerwehrautos. 1947 erwarb Ole für seine inzwischen gegründete kleine Firma die erste Kunststoff-Spritzgußmaschine in ganz Dänemark. Damit sollte Spielzeug aus Kunststoff hergestellt werden, ein damals verpöntes Material. Galt doch überall noch das Prinzip der Waldorfschule, wonach in Kinderhände nur warmes Holz gehöre. Ein 1949 in der winzigen Fabrik in Billund gegossener, farblich ziemlich unscheinbarer, aber bereits genoppter Baustein mit der Bezeichnung Automatic Binding Brick ist der Großvater des späteren Noppensteins.

Den eigentlichen Durchbruch schaffte jedoch erst Oles Sohn Godtfred Kirk Christiansen. Dieser erfand 1957/58 das genial einfache LEGO Kupplungsprinzip und ließ es zum Patent anmelden. Es garantierte eine größere Stabilität der Modelle und eröffnete fast unbegrenzte spielerische Kombinationsmöglichkeiten. Anfang der sechziger Jahre «erfand» die LEGO Firma dann auch das Rad. Das Zahnrad in verschiedenen Farben und Größen hievte die

Der Firmengründer: Ole Kirk Christiansen im Jahre 1911

> «In seiner Abstraktheit und Modularität ist Lego ein jugend-freies Reich der Sinne. Es gibt kaum etwas, das so interessant riecht wie der graue Reifengummi der Legoräder. Zu Zeiten, als die neuen Steine erstmals aus ABS bestanden, habe ich das sofort am Geschmack bemerkt. Sie waren salziger geworden, außerdem rochen sie strenger. Einen Achtknopfstein nebenher zwischen den Fingern zu reiben ist einfach angenehm. Es gibt diese Empfindung, gleichzeitig die aufgeprägten Knöpfchen und die hohlen Zapfen auf der Unterseite zu spüren, im übrigen auf dem Knöpfchen noch das zarte, kleine Relief des Legoschriftzugs. Das ist das Legogefühl. Im übrigen ist es eine existentielle Grunderfahrung, daß man immer zuwenig Legosteine hat (egal, wie viele man hat). Später lernt man begreifen, was das Erwachsensein bedeutet, nämlich hart zu werden, daß man imstande wäre, einen Legostein wegzuwerfen. Und man lernt, daß sich das Phänomen des Mangels in immer neuen Formen wiederholt, man hat immer zuwenig Geld (egal, wieviel man hat) und zuwenig Speicher in seinem Computer (egal, wie viele Megabyte man hat).»
>
> (Der deutsche Journalist Peter Glaser in einem Essay über Spielzeug mit dem Titel «Legolize it – Don't criticize it»)

simplen Klötzchen erstmals in die Höhen eines technischen Spielzeugs. Schließlich liefen die ersten LEGO Schiffe vom Stapel. Heute gibt es keinen Bereich unserer Umwelt mehr, der sich nicht mit Plastiksteinen nach dem immer gleichen Prinzip nachbauen ließe.

Billund, das unscheinbare Dorf auf der Halbinsel Jütland, ist längst das Herz eines multinationalen Unternehmens mit Milliarden-Umsätzen. An der Spitze steht die dritte Generation der Familie: Kjeld Kirk Kristiansen, der Enkel des Firmengründers Ole.

Im Laufe der Jahre ist das Sortiment gigantisch angewachsen

Typische LEGO Bauanleitung

und wächst unaufhörlich weiter. Inzwischen umfaßt es 600 verschiedene Kästen, davon 30 LEGO PRIMO, 98 LEGO DUPLO, 244 LEGO SYSTEM, 19 LEGO SCALA (ein Programm für Mädchen) und 46 LEGO TECHNIC Kästen sowie 163 LEGO DACTA Kästen für den Vorschul- und Schulbereich. 2069 verschiedene Elemente gibt es heute allein von der Form her. Die Bauanleitungen kommen fast ohne Text aus, denn das Grundsystem begreifen schon die Allerkleinsten.

Ein und derselbe Stein kann heute in einem Auto auftauchen, morgen in einem Schloß, übermorgen auf einer Bohrinsel, einer Raumschiffstation oder auch einem Ufo-Landeplatz im Weltraum. Daß sie immer wieder neu verwendet werden können, macht das Spiel mit den Klötzchen für Kinder so unerhört reizvoll, abwechslungsreich und spannend.

Pionierhaft setzte die dänische Firma früh alle Kriterien um, die

> Sechs Achtknopfsteine kann ein Kind auf 102,981 500 verschiedene Arten zusammenstecken. Das gilt nur für eine einzige Farbe. Wird es blau, weiß, rot, gelb, grün, sprengen die Kombinationsmöglichkeiten schnell unser Zahlensystem. Bei 2069 verschiedenen Elementen hört das Rechnen auf.

aus einem Allerweltsprodukt eine Marke machen: ein Hauch von Legende, eiserne Ansprüche an Qualität und Sicherheit, vor allem aber jenes Gefühl der Verantwortung, dem sich ein Hersteller verschreibt, der Kindern in millionenfacher Auflage sein Produkt überläßt.

Die Geschichte des weisen Steines ist auch ein spannendes Zeitdokument. Wie kaum ein anderes Spielzeug illustrieren die bunten Klötzchen auch die gesellschaftlichen Entwicklungen der letzten 40 Jahre. Die Macher in Billund paßten das patente Kerlchen mit traumwandlerischer Sicherheit dem jeweiligen Zeitgeist und der harten Konkurrenz auf dem Spielzeugmarkt an. Ihre Ideen sind so unerschöpflich wie die Kombinationsmöglichkeiten ihres Produkts. Und das will etwas heißen.

Sechs Steine müßten demnach als Grundausstattung ausreichen und Ruhe im Kinderzimmer garantieren, denkt sich der naive Laie. Irrtum! Wie schnell etwa können in der Praxis fünf von sechs Steinchen verlorengehen. Durch Löcher in den Hosentaschen rutschen, von Staubsaugern verschluckt und von Geschwistern in einem unbeobachteten Moment entwendet werden. Welche Mutter, welcher Vater kann nicht ein Lied davon singen: Schon unter den jüngsten LEGO Konsumenten bricht schnell eine Art Sozialdarwinismus aus. Der Stärkste kriegt die besten Steine. Das war vor 20 Jahren so, als die Produktpalette noch überschaubar war – die Auswahl hat sich seither vervielfacht –, und das ist so in unseren Kinderzimmern geblieben. Kleine und Schwache müssen sich oft mit einfachen Quadern begnügen. Welche Erzieherin im Kinder-

Sofie ging auf ihr Zimmer und öffnete dort den Briefumschlag.

Heute stand nur eine Frage auf dem Zettel:

Warum sind Legosteine das genialste Spielzeug der Welt?

Sofie wußte erst einmal gar nicht so recht, ob auch sie Legosteine für das genialste Spielzeug der Welt hielt, sie spielte jedenfalls schon seit vielen Jahren nicht mehr damit. Außerdem konnte sie nicht begreifen, was Legosteine mit Philosophie zu tun haben sollten.

Aber sie war eine gehorsame Schülerin. Sie wühlte im obersten Fach in ihrem Schrank herum und fand schließlich auch eine Plastiktüte mit Legosteinen in allen möglichen Größen und Formen. Zum ersten Mal seit langem fing sie an, aus den kleinen Plastikklötzchen etwas zu bauen. Und als sie das tat, machte sie sich auch bald ihre Gedanken über die Legosteine. Mit Legosteinen zu bauen ist leicht, dachte sie. Obwohl sie von unterschiedlicher Größe und Form sind, können alle Legosteine mit anderen zusammengesetzt werden. Außerdem sind sie einfach nicht kaputtzukriegen. Sofie konnte sich nicht erinnern, je einen zerbrochenen Legostein gesehen zu haben. Alle sahen noch genauso neu und frisch aus wie damals, als sie sie vor vielen Jahren bekommen hatte. Und vor allem: Mit Legosteinen konnte sie alles mögliche bauen. Und dann konnte sie die Steine wieder auseinandernehmen und etwas ganz anderes bauen. Was konnte man sonst noch verlangen? (Ja, was?) Sofie stellte fest, daß Legosteine wirklich mit einigem Recht als das genialste Spielzeug der Welt bezeichnet werden konnten.

Aber was das mit Philosophie zu tun hatte, begriff sie noch immer nicht. Bald hatte Sofie ein großes Puppenhaus gebaut. Sie mochte sich kaum eingestehen, daß ihr lange nichts mehr solchen Spaß gemacht hatte. Warum hörten die Menschen auf zu spielen?

(Aus: Jostein Gaarder «Sofies Welt». Carl Hanser Verlag, München) hort kennt sie nicht, die Attacken kleiner Diebe auf die begehrten Sechzehnersteine. Eingeweihte werden deshalb durchaus Verständnis für jenen Alex Woolnough (13) aufbringen, der seine Klötzchen so sehr liebte, daß er nach der Scheidung seiner Eltern seine Mutter, von der er getrennt lebte, vor dem Amtsgericht Cambridge auf Herausgabe seiner LEGO Kästen verklagte.

Für Erwachsene sind die Steinchen dagegen oft heimtückische Hausgenossen. Wenn die Kinder längst schlummern, piksen ihre überall verstreuten Schätze müde Eltern aus Sessel- und Sofapolstern. Die betagte Tante stolpert über einen Achtnopper, der sich hinterlistig unterm Teppich verkroch. Nachts in der dunklen Wohnung mit bloßem Fuß unverhofft auf einen vergessenen Stein treten – ein Erlebnis, das man lange nicht vergißt.

Mütter haben ihre eigene Klötzchen-Biographie. Wohl jede hat die bunten Plastikziegel irgendwann einmal zum Teufel und damit auf den Müll gewünscht, weil sie ständig den Staubsauger verstopfen. Doch wer sie hat, hat sie. Los wird man sie nie. Sie sind unsterblich, da unverwüstlich. Das liegt an ihrer Rezeptur. Kinder von heute spielen mit denselben Steinen wie ihre Eltern, als sie noch klein waren. Demnächst werden sie an die dritte Generation vererbt. Auf den Bausteinen kann man – falls Bedarf besteht – mit Holzschuhen und Stilettos herumtanzen. Man kann sie im 60-Grad-Gang der Waschmaschine waschen oder vom Empire State Building werfen. In der Hauszeitschrift des Herstellers in Billund tauchte einmal das Foto eines kleinen DUPLO Wägelchens auf, das in Kopenhagen von einem ganz gewöhnlichen Verkehrsbus mit ca. 60 Insassen überfahren worden war. Es sah aus wie neu und rollte immer noch perfekt. Nein, die Klötzchen gehen garantiert nicht kaputt. Der Staubsauger blieb bis heute ihr einziger natürlicher Feind.

Für LEGO Versessene sind die Steine mehr als ein Spielzeug. Sie sind eine Philosophie. Die Anhänger dieser philosophischen Richtung leben nach dem Prinzip: LEGO, ergo sum. Was, sinngemäß

> Wenn ein Körper – zum Beispiel ein Baum oder ein Tier – stirbt und in Auflösung übergeht, werden seine Atome verstreut und können aufs neue in neuen Körpern verwendet werden. Denn die Atome verschwinden zwar im Raum, haben aber verschiedene Haken und Ösen und werden deshalb immer wieder zu den Dingen zusammengehalten, die wir um uns herum sehen.
>
> Legosteine haben ungefähr alle Eigenschaften, die Demokrit den Atomen zugeschrieben hat, und gerade deshalb kann man so gut damit bauen. Zuerst einmal sind sie unteilbar. Sie unterscheiden sich in Form und Größe, sie sind massiv und undurchdringlich: Legosteine haben außerdem Haken und Ösen (sozusagen), mit denen sie sich zu allen möglichen Figuren zusammensetzen können. Die Bindung kann später aufgelöst werden, und dann werden wieder neue Gegenstände aus den Klötzchen gebaut.
>
> (Aus: Jostein Gaarder «Sofies Welt»)

übertragen, etwa heißen soll: Ich spiele mit LEGO Steinen, also bin ich. Das wenigstens behauptet der Schriftsteller Jostein Gaarder in seinem Bestseller «Sofies Welt». Darin läßt er den Philosophen, der Sofie so anschaulich Nachhilfeunterricht in seiner schweren Wissenschaft erteilt, die bewährten Klötzchen aus Dänemark dabei zu Hilfe nehmen. Als Norweger ist der hochgelobte Literat Gaarder wohl unverdächtig, für die dänischen Klötzchen Schleichwerbung zu betreiben.

Immer wieder wird man in der LEGO Geschichte auch bei Märchenhaftem, Phantastischem fündig. Ein Beispiel: Eine gewaltige Woge traf am 13. Februar 1997 auf das Containerschiff «Tokyo Express», das bei Sturm 20 Seemeilen südlich von Lands End, England, durch die rauhe Nordsee dahinstampfte. Es bäumte sich kurz auf. Alle auf Deck festgezurrten Container rutschten über Bord. Einer zerbrach. Er enthielt fünf Millionen LEGO Komponenten, davon zahlreiche Figuren zum Thema Wasserabenteuer.

Die LEGO Aquanauten wurden mit dem Kanaren- und dem Nord-Äquatorialstrom fortgerissen, von Osten nach Westen in Richtung Amerika. Ungefähr ein Jahr würde die Wasserreise nach den Berechnungen deutscher Meeresströmungs-Fachleute dauern. Und tatsächlich: Seit dem Sommer 1998 werden an den Stränden der Staaten North und South Carolina und Florida gelegentlich LEGO Aquanauten angespült. Als buntes Strandgut machen sie nun amerikanische Kinder glücklich.

Die atemberaubende LEGO Story ○ Von der Tischlerwerkstatt zum weltweiten Multi

So phantasievoll die Gebilde, die aus LEGO Steinen entstehen können, sind, so phantastisch mutet die Geschichte der LEGO Gruppe selbst an: Aus einer Tischlerwerkstatt, mitten im ärmsten Teil Dänemarks, entwickelte sich in wenigen Jahrzehnten ein multinationales Unternehmen mit 50 Gesellschaften. In 33 Ländern der Welt beschäftigt der Konzern heute fast 10 000 Angestellte. Und das Unternehmen expandiert weiter, so daß das von seinem Besitzer gesteckte Ziel realistisch erscheint: Im Jahr 2005 soll die LEGO Gruppe die Nummer eins für Konstruktionsspielzeug, Vorschul- und Schulprodukte, Familienparks, Lifestyle- und Medienprodukte sein. Der Firmensprecher in Billund: «Wir fordern alle anderen Marken dieser Größenordnung – Mattel, Nike, Coca-Cola, Disney – heraus. Wir wollen für Familien mit Kindern die stärkste Marke der Welt sein.»

Ein Welterfolg mit «Made in Denmark» und «Small is beautiful»

Wäre ein Erfolg wie derjenige der LEGO Gruppe in jedem beliebigen Land möglich gewesen? Die Antwort lautet nein. LEGO Steine sind ein durch und durch dänisches Produkt. So wie sie nur in Dänemark erfunden werden konnten, so konnten sie wohl nur von dort aus die Welt erobern: in diesem ganze 43 000 Quadratkilometer großen, schwach besiedelten Land zwischen den Meeren, mit seinen 500 Inseln und der Halbinsel Jütland zwischen Gedser an der Ostsee und Skagen auf der Naht vom Kattegatt zur Nordsee. Der unglaubliche Aufstieg erklärt sich aus vielen unverwechselbar dänischen Eigenheiten.

«Ganz Dänemark», sagte der renommierte dänische Journalist Frits Brendal im Kulturmagazin des dänischen Fernsehens, «ist im Grunde ein kleines Legoland.» Man müsse nur durch eine dänische Eigenheimsiedlung fahren: Aus einiger Entfernung seien die gelben und roten Ziegelsteine kaum von LEGO Steinen zu unterscheiden. Touristen, meint er, könnten hier in jeder beliebigen dänischen Provinzstadt LEGOLAND Billund entdecken. Vom systemischen Denken her gebe es zwischen dem einen und dem anderen praktisch keinen Unterschied: «Dänemark ist ein sauber geordnetes und prima funktionierendes Land mit massenweise gelben und roten Kästen, Eigenheimen, weißen und grauen in den Himmel ragenden Kästen, Wohnblöcken und Hochhäusern, sauberen Straßen und Bürgersteigen sowie ziemlich vielen Ampeln, an denen sowohl Autofahrer als auch Fußgänger bei Rot tatsächlich stehenbleiben. Außer Schweden dürfte es kaum ein anderes Land auf der Welt geben, wo die Menschen so geduldig auf Grün warten, obwohl weit und breit kein anderer Verkehrsteilnehmer zu sehen ist. In einem Legoland befolgt man natürlich die Vorschriften. Dieses Produkt ist schließlich ein System, das nur funktioniert, wenn man die Spielregeln einhält.» Nur eines verwundert Brendal: «Warum wirkt dänische Architektur eigentlich so eintönig, wo wir doch die Legosteine erfunden haben?»

Wie seine europäischen Nachbarn ist auch Dänemark heute ein hochtechnisierter, hochindustrialisierter Wohlfahrtsstaat. Dennoch lebt man hier noch immer weitgehend nach der Devise: Small is beautiful.

Außer Torf zum Heizen besitzt das Inselreich kaum nennenswerte Rohstoffe. Um zu überleben, machten darum die frühen

Dänen, die kampfeslustigen Wikinger, ganz Europa unsicher. Ihre Nachfahren setzten statt dessen auf Ackerbau und Viehzucht und handwerkliche Fähigkeiten. Einfallsreichtum, Tüftelei und Design gingen im Lauf der Jahrhunderte eine nahtlose Symbiose ein und wurden für das kleine Land zu einem wichtigen Exportartikel.

Individualismus und skurrile Eigenarten werden gepflegt. So zelebrieren die Dänen noch immer genußvoll das andernorts längst aus der Mode gekommene Pfeiferauchen. Eine sehr dänische Eigenschaft ist es auch, Widersprüchliches unter einen Hut zu bringen, als handle es sich um die selbstverständlichste Sache der Welt. So wird mitten in der Hauptstadt Kopenhagen, nur ein paar hundert Meter vom Parlament entfernt, der «Freistaat Christiania» geduldet. Zwar hat das anarchistische Viertel seine wildesten Zeiten hinter sich, und auch seine kämpferischsten Bewohner haben mit der Zeit bürgerliche Rettungsringe angesetzt. Doch in seinen Mauern sind etliche dänische Gesetze, wie das Schankbewilligungsgesetz oder das Betäubungsmittelgesetz, noch immer quasi außer Kraft gesetzt. Und die Bevölkerung scheint dies nicht im mindesten zu stören.

In dieses Bild paßt, daß die Dänen eingefleischte Royalisten sind – auch und gerade die Sozialisten unter ihnen. Daß zwischen Sozialismus und Monarchie ideologische Abgründe klaffen, wen kümmert's? Die dänische Königstradition geht ungebrochen bis aufs Jahr 940 zurück, auf Gorm den Alten und seinen Sohn Harald Blauzahn. In Dänemark hat es niemals eine Revolution gegeben – trotzdem konnte es lange Zeit mehr demokratische und soziale Errungenschaften vorweisen als zum Beispiel das Mutterland der Revolution, Frankreich. Anders als die Engländer haben die Dänen bisher auch keine königlichen Skandale zu beklagen. Die dänischen Royals passen mit ihren skurrilen Eigenarten zum Volk. Die Königin hat in Cambridge und an der Sorbonne studiert, trinkt gern Rotwein und Cognac und malt und illustriert mit Vorliebe Märchenbücher des Nationaldichters Hans Christian Andersen. Sie scheut sich auch nicht, öffentlich zu bekennen, daß sie große Kinder sehr viel amüsanter findet als kleine und auf Hausarbeit nicht eben versessen ist. «Ich muß nicht staubsaugen, nicht kochen oder einkaufen. Das erleichtert meine Arbeit ungemein», freute sie sich. Die Billunder Klötzchen hingegen haben es Ihrer Hoheit angetan: «Ihr LEGO Stein», äußerte sie sich gegenüber Godtfred Kirk Christiansen, als sie ihn einst in Kopenhagen empfing, «ist etwas ganz Besonderes. Er ist mehr als ein Stück Spielzeug. Zu wissen, daß mehr als 100 Millionen kleine und große Kinder mit den Steinen nicht nur spielen, sondern durch sie ihre Kreativität und Phantasie entfalten, das muß eine große Freude sein.»

Königin Margrethe II. besitzt im übrigen hohe moralische Kompetenz: Ihre Reden sind klug und durchdacht. Sie setzt sich immer wieder für verfolgte Menschen ein, mit dem Hinweis darauf, daß jede Kultur, auch die dänische, vom Austausch mit anderen Kulturen lebe. Deshalb seien auch die Kulturen der nach dem Geschmack vieler Landsleute allzu zahlreich nach Dänemark strömenden Asylsuchenden eine Bereicherung und keine Bedrohung. Bisher gelang es der Monarchin auf diese Weise, Überfremdungsängste, die der Zustrom aus den Krisengebieten des Nahen, Fernen und Mittleren Ostens zeitweilig auch im toleranten Dänemark auslöste, in rationale Bahnen zu lenken.

Die dänische Regierung reagierte zwar mit verschärften Visa-Bestimmungen auf den Zustrom, andererseits unternimmt das kleine Land jedoch große Anstrengungen, um Flüchtlinge zu integrieren, ohne ihnen ihre Identität zu nehmen. Sprachkurse sind selbstverständlich. Folteropfer finden hier für alle Welt beispielhafte Betreuung.

Die dänische Fahne, die Dannebrog, ist die älteste Fahne der Welt. An Wochenenden, Feiertagen und am Geburtstag der Königin ist ganz Dänemark rot-weiß beflaggt – und zwar nicht nur die öffentlichen Gebäude, sondern Privathäuser, vom Ferienhaus über den Appartementbalkon bis hin zur Frühstückstafel. Man ist nationalstolz, gibt sich aber als skeptischer Europäer.

Ein europäischer Einheitsbrei schmeckt dem Volk der Individualisten nicht, andererseits huldigen sie auch keinem dänischen Chauvinismus, an dem die Welt genesen soll. Lieber genießen die Dänen das Leben – und zahlen dafür einen hohen Preis. Keine Industrienation bürdet ihren Bürgern höhere Steuern auf als Dänemark. Fast 70 Prozent des Bruttoinlandsprodukts fließen durch die Kassen des Staates, der gnadenlos zulangt, gleichzeitig aber auch großzügig umverteilt. Alle Genußmittel, welche die Gesundheit schädigen und damit der Allgemeinheit Kosten für medizinische Behandlung verursachen könnten, werden in Dänemark unbarmherzig mit schwindelerregenden Abgaben belegt: Dazu gehören Alkohol, Tabak und sogar Zucker, letzterer, weil er Karies verursacht. So kommen die hohen Schnaps-, Wein- und Zigarettenpreise zustande. Nur beim Bier, dem dänischen Nationalgetränk, hält sich der Gesetzgeber einigermaßen zurück.

Was die öffentliche Hand mit den Steuern macht, kann überall besichtigt werden: Es gibt unzählige geförderte Bildungseinrichtungen, von den weltbekannten Heimvolkshochschulen bis zum örtlichen Bildungsverein, die qualifizierte Ausbildungen anbieten. Öffentliche Bibliotheken glänzen mit langen Öffnungszeiten und gutsortierten Bücher- und Zeitungsbeständen, Fachschulen und Schulen mit einer ausgezeichneten technischen Ausstattung. Unterrichtet wird in kleinen Klassen. Die Innenarchitektur von Behörden und öffentlichen Einrichtungen ist aufwendig und ästhetisch anspruchsvoll gestaltet. Immer stellt sie den Menschen und seine Bedürfnisse in den Mittelpunkt. Egal, ob als Angestellten oder Besucher.

Gewiß: Auch das dichte soziale Netz des lange Zeit weltweit gerühmten «Wohlfahrtsstaats» Dänemark ist in den letzten Jahren ein wenig löcheriger geworden. Aber nur ein wenig. Der einstige, beinahe paradiesisch anmutende Wohlfahrtsstaat befindet sich gegenwärtig zwar in einer Krise, aber aufgegeben wird er deshalb noch lange nicht.

Dänemark hat sich entschieden, ihn nicht, nach dem Muster Deutschland, durch radikalen Leistungsabbau zu sanieren, sondern durch eine expansive Wirtschaftspolitik wieder finanzierbar zu machen.

Wer in Not gerät, kann sich darauf verlassen, daß der Staat für seine materiellen Grundbedürfnisse sorgt. Der dänische Staat schützt seine Bürger aber nicht nur, wie fast alle anderen entwickelten Nationen, durch die Garantie eines Mindestlebensstandards gegen absolute Armut. Er bietet auch Schutz gegen relative Armut. Keiner soll aus wirtschaftlichen Gründen ausgegrenzt sein. Gleichmäßige Einkommensverteilung ist deshalb noch immer ein herausragendes politisches Ziel jeder dänischen Regierung. Eine solche Solidargemeinschaft vermittelt ein psychologisches Gefühl der Sicherheit. Man gehört dazu, auch wenn man nicht mit materiellen Gütern gesegnet ist.

Auch die LEGO Welt ist das Werk begnadeter Handwerker, Kreativer, Tüftler- und Kinderfreunde. Dänen lieben Kinder und fördern sie nach Kräften. Vor Jahren wurden einmal Asylanten vom «Statens Filmcentral» in Kopenhagen aufgefordert, Kurzfilme über ihre ersten Eindrücke in Dänemark zu drehen. Den Filmemachern aus vielen fremden Kulturen fiel eine dänische Eigenschaft immer wieder als so positiv auf, daß sie ganze Filmrollen damit füllten: Wie fürsorglich man hierzulande mit Kindern umgeht. Wieviel Zeit dänische Eltern – auch berufstätige Mütter und Väter – mit ihrem Nachwuchs verbringen.

Kinder haben es in Dänemark (wie in allen skandinavischen Ländern) in der Tat besonders gut. Sie bekommen einfach den Platz, den sie brauchen, werden respektiert, ernst genommen, gut behandelt. Anders als zum Beispiel im großen Nachbarland Deutschland, wo sie im öffentlichen Leben häufig eher als nervige

Anhängsel der Erwachsenen behandelt werden, nimmt man hier auf sie fast immer und überall Rücksicht.

Statt als lästig, werden sie als schutzbedürftig wahrgenommen. In Wohnungsanzeigen steht: Wohnung zu vermieten – Kinder erwünscht. Dänische Kindergärten sind Weltspitze, so liebevoll und sorgfältig sind sie ausgestattet. Zum Beispiel mit Türen, in denen sich kein Kind die Finger klemmen kann. Und es kann durchaus vorkommen, daß ältere Damen im Bus vor Kindern aufstehen.

Warum man LEGO Aktien an keiner Börse kaufen kann

Spielzeug ist kein Verkaufsartikel wie Autoreifen oder Walzstahl. Verglichen mit Autofirmen oder Stahlkochereien beliefert der LEGO Konzern eine sehr diffizile Zielgruppe: «Familien mit Kindern bis 16 Jahren». Eine sensible, in der heutigen Zeit beinahe als bedroht anzusehende Spezies, denn Statistiken zufolge schwindet in den Industrieländern die Zahl gutausgebildeter und wohlsituierter Menschen, die Kinder in die Welt setzen.

Wie funktionieren Familien in Zeiten weltweit fallender Realeinkommen und steigender Arbeitslosigkeit überhaupt noch? Worin besteht das Geheimnis elterlicher Fürsorge? Wer dieser schwierigen Zielgruppe etwas verkaufen will, muß ihre Strukturen und Bedürfnisse genau kennen. Marktforscher wie Ingenieure müssen Eltern Respekt erweisen, die in vielen Fällen materielle Opfer bringen, um ihren Nachwuchs zu fördern, und darum Anspruch auf gutes und haltbares Spielzeug haben. Sie müssen solides pädagogisches und psychologisches Wissen über die unendliche Kreativität haben, die jedem Kind angeboren ist und die durch schlechtes Spielzeug und falsche Vorbilder leicht verkümmern kann.

Hinter der LEGO Gruppe steckt auch heute noch kein unpersönliches Supermanagement, sondern eine Familie, die das alte Sprichwort «Der Vater bestellt's, der Sohn erhält's, der Enkel verprellt's» Lügen straft.

Vermögen sind leicht zu vererben, Führungsqualitäten jedoch nicht. Im Klartext heißt das: Allzuoft hat sich am Beispiel großer europäischer Familienunternehmen gezeigt, daß Kinder und Enkel andere Pläne für ihr Leben haben, als den ererbten Betrieb weiterzuführen. Oder sie sind schlicht nicht geeignet, in die Fußstapfen der Eltern zu treten.

Häufig liegt es allerdings an den Gründern, wenn ihr Lebenswerk zerfällt. Nur eine Minderheit bestellt rechtzeitig das Haus. Mit dem schleichenden Verlust familiärer Bindungen, den meist unausweichlichen Konflikten zwischen Senior und Junior, den Rivalitäten in den Führungsetagen kommt unweigerlich der Niedergang. Banken und Aufsichtsräte übernehmen dann das Ruder.

Die dänische LEGO Gruppe ist eine Ausnahme. Nicht ein einziges Mal in den fast schon siebzig Jahren seit der Firmengründung scheint ernsthafter familiärer Zwist den Höhenflug dieses Unternehmens gebremst zu haben. Welche Seite der Firmenchronik man auch aufschlägt, nirgendwo Hinweise auf interne familiäre Divergenzen, die eine Firma so oft ins Schleudern bringen. Statt dessen ist das Unternehmen auf Führungsebene gekennzeichnet durch rechtzeitiges Einarbeiten und weises Abtreten. Wechselseitiger Respekt und nicht Besserwisserei prägt den Umgang zwischen den Generationen, und nahtlos wechselte die Verantwortung bislang von Großvater auf Sohn und Enkel. Dies ist wohl mit ein Grund für den Erfolg.

Nach über einem halben Jahrhundert ist die Firma in Billund, inzwischen milliardenschwer, auch in dritter Generation noch immer zu 100 Prozent ein reiner Familienbetrieb und im Alleinbesitz der Nachkommen der Gründerfamilie. LEGO Aktien bekommt man deshalb an keiner Börse.

Die Geschichte des Klötzchen-Herstellers hat etwas altmodisch

Rechtschaffenes. Vielleicht liegt es daran, daß es um Spielzeug geht. Ein, im Unterschied zu so profanen Artikeln wie Rasenmäher oder Küchenwecker, sympathisches und immer auch ein wenig poetisches Produkt. Vielleicht liegt es auch an der unbeirrbaren Zähigkeit der Nordländer, denen die unwirtliche Natur, die kurzen Sommer und endlosen Winter, nur die Wahl lassen zwischen permanentem Überlebenskampf oder Untergang.

Vielleicht waren es aber auch höhere Mächte, gute Feen oder gar jene nur in Dänemark beheimateten, niedlichen Kobolde mit den roten Zipfelmützen, Nisse genannt, die gegen alle Logik und Vernunft harte Schicksalsschläge immer wieder zum Guten wendeten. Mit Sicherheit aber entschieden Kreativität und starker Überlebenswille über das Schicksal der Klötzchen – und nicht zuletzt ein erstaunliches Gottvertrauen. Ole Kirk Christiansen, der Begründer der LEGO Dynastie, war ein zutiefst frommer und gottesfürchtiger Mann.

Ein Märchenerzähler wie Dänemarks Nationaldichter Andersen würde die LEGO Geschichte vielleicht so anfangen: «Es war einmal ein einsames Dorf namens Billund. Es lag auf 55°, 44', 6" nördlicher Breite in der nordjütischen Heide. Von morgens früh um fünf bis spät in die Nacht rackerten sich die Bauern im Stall und auf den kargen Feldern ab und litten doch bittere Not. Und kalt war es in ihren Hütten auch, der Wind pfiff schneidend durch alle Ritzen.»

In einem Brief um die Jahrhundertwende heißt es: «Billund ist ein gottverlassener Stationsort, wo nichts gedeihen kann.» Wie gottverlassen, zeigen verblaßte Ansichtskarten aus den zwanziger Jahren: Überragt vom Schornstein der Meierei, ducken sich um die Eisenbahnstation an der Strecke Velje-Vandel-Grindsted ein halbes Dutzend winzige Bauernhöfe. Im aufgeklärten Kopenhagen sprach man seinerzeit schaudernd vom «finstersten Jütland». Dort, wo die Prediger von der Inneren Mission mit ihrer fundamentalistischen Religion das Feld beherrschten.

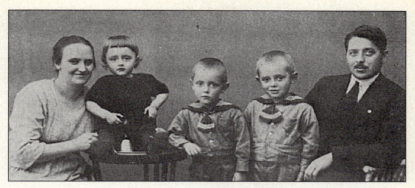

Ole Kirk und Hansine Kristine Christiansen 1924 mit den Söhnen Godtfred, Karl Georg und Johannes

Pfarrer, Lehrer und Küster gaben im Ort den Ton an. Wer kein Bauer war, versuchte, als Handwerker auszukommen: als Schmied, Stellmacher, Maler. Aber es gab auch einen Fahrradhändler, einen Schuhmacher und einen Schneider.

Als sie noch Wikinger waren, liebten die Dänen sprechende Namen, unter denen man sich etwas vorstellen konnte: Harald Schleifstein, Erich der Minderwertige, Svend Gabelbart, Harald Blauzahn.

Heute hören die fünf Millionen Einwohner zu 60 Prozent auf nur 14 Familiennamen. Die Computer der Namensforscher errechneten, daß es 375 000 Jensens, 350 000 Nielsens und Sörensens, 300 000 Hansens und je 200 000 Pedersens und Andersens gibt.

Der Billunder Zimmermann und Tischler jedenfalls hieß Ole Kirk Christiansen. Er war, nicht anders als seine Kunden, ebenso arm wie religiös und besuchte regelmäßig das Missionshaus.

Ole Kirk Christiansen durchlebte wie die meisten seiner Altersgenossen eine äußerst karge Kindheit. Er wurde am 7. April 1891 in Filskov in Mittel-Jütland geboren. Schon als Sechsjähriger mußte er Schafe hüten, nach der Konfirmation lernte er bei einem älteren Bruder das Tischler- und Zimmerhandwerk. Danach ging er auf Wanderschaft, arbeitete in Deutschland und Norwegen.

1916, im Alter von 25 Jahren, kaufte er das «Billund Maschinentischlerei und Zimmergeschäft». Der Start war schwierig. Doch allmählich nahm er seine Kunden, die Bauern, durch Gewissenhaftigkeit und die peinliche Genauigkeit, mit der er selbst den kleinsten Auftrag ausführte, für sich ein. Dieselbe Gewissenhaftigkeit und Genauigkeit verlangte er auch von seinen Mitarbeitern. Im Winter wurden in seiner Werkstatt Kleiderschränke für die Knechte und Kommoden für die Mägde gebaut, im Sommer Türen und Fenster für die Häuser der Bauern.

Billund hatte damals nur Schotterwege und keine Kanalisation. Geld einzutreiben, war in dieser armen Gegend oft schwierig. Kam doch etwas herein, wurde der Lehrling mit winzigen Summen im Briefumschlag auf dem Fahrrad zur Bank in die nahe Kreisstadt geschickt, um es sogleich einzuzahlen. Die Weisung des Meisters lautete: «Du mußt um fünf Uhr in der Bank sein. Sonst machen die zu und uns die Werkstatt dicht.» Es waren harte Jahre. Im Tischlerhaushalt wurde jeder Pfennig zweimal umgedreht. Doch die Familie hielt zusammen wie Pech und Schwefel.

An einem Tag im Jahr 1924 geschah es dann: Die Eltern hielten gerade Mittagsschlaf, und die Söhne Godtfred und Karl Georg spielten in der Werkstatt. Die Luft war kühl, und um nicht zu frieren, zündeten die beiden Knirpse den Leimofen an. Dabei fingen Holzspäne Feuer. Die Jungen wurden gerettet, aber Werkstatt und Wohnung brannten vollkommen aus.

Ole ließ daraufhin von einem Architekten ein neues, größeres Haus entwerfen. Es war eigentlich viel zu groß und zu teuer, weshalb jeder Raum, der vermietet werden konnte, auch vermietet wurde, um die Bankkredite abzubezahlen. Die Familie hauste in einer kleinen Wohnung neben Büro und Werkstatt. Lehrlinge und Gesellen, die mit der Familie des Meisters unter einem Dach wohnten, arbeiteten gegen «Kost und Logis». Ole Kirks Frau Hansine Kristine kochte für alle.

Es war ein hartes Leben. Aber man kam zurecht. Der Tischler er-

30

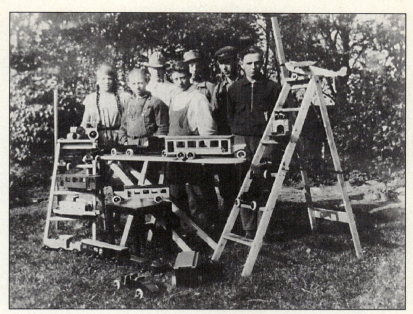

Aus Abfallholz wird Spielzeug: Mitarbeiter der Werkstatt zeigen 1932 stolz ihre erste Produktion

weiterte sein Angebot, indem er nun auch Häuser baute und reparierte. Die letzten drei Häuser, die Ole 1931 in Billund baute, stehen übrigens heute noch.

1927 kaufte Ole Kirk sein erstes Auto, einen Ford T. Bis dahin hatte es im ganzen Ort nur zwei Autos und ein Motorrad gegeben, letzteres im Eigentum des Molkereivorstehers.

Dann starb im Jahr 1932 Oles Frau. Der Witwer stand mit vier Söhnen allein da. In jenem Jahr begann die Weltwirtschaftskrise auch Dänemark zu erfassen. In Billund war die Auftragslage so schlecht, daß der Dorftischler seinen letzten Gesellen entlassen mußte. Als er ihm den Lohnscheck überreichte, sagte er: «Löse ihn beim Kaufmann ein, er soll ihn erst in drei Monaten an die Bank weitergeben!» Der Kaufmann zahlte auch unverzüglich. Er hegte nicht den geringsten Zweifel, daß er sein Geld pünktlich wiederbekommen würde.

Der Börsenkrach in der New Yorker Wall Street zog schließlich im Jahr 1932 die ganze Welt in den Abgrund. In Europa waren England und Deutschland besonders schwer betroffen. Aber auch das überwiegend ländlich strukturierte Dänemark – Agrarprodukte machten 1932 immerhin 85 Prozent des gesamten dänischen Exports aus – bekam die Krise zu spüren. Die Arbeitslosigkeit stieg stark an. Die Umsätze sanken, überall kam es zu Konkursen. Auch dem Tischler von Billund brachen die Auftraggeber weg. Landwirte und die örtlichen Gemeinden, die ihn hauptsächlich beschäftigten, hatten plötzlich kein Geld mehr.

Zum Zeitpunkt des Todes seiner Frau waren die beiden älteren Söhne Karl Georg und Johannes 13 und 15 Jahre alt. Beide wurden gegen Kost und Logis bei Bauern untergebracht, lagen dem Vater also nicht mehr auf der Tasche. Doch da waren noch der 12jährige Godtfred und der gerade 6jährige Gerhardt. Godtfred galt als heller Kopf, und so brachte ihm der Tischler bei, das Hauptbuch zu führen und Rechnungen zu schreiben. Der Schulbesuch wurde nunmehr auf jeden zweiten Tag der Woche verlegt. Der Junge erwies sich als Glücksfall für die Familie. Wie sein Vater war GKC, wie er von allen genannt wurde, ein begnadeter Tüftler und Handwerker. Darüber hinaus zeigte er eine große Begabung für kaufmännische Dinge.

In einem Alter, in dem andere spielerisch die Welt erfahren durften, trug Godtfred bereits eine schwere Verantwortung. Mit elf Jahren brachte er morgens um sechs, im Ford T seines Vaters stehend, die bei Ole angestellten Tischler und Zimmerleute an ihre Arbeitsplätze auf dem Bau und holte sie nach Feierabend wieder ab.

Trotz Godtfreds Intelligenz konnte er keine höhere Schule besuchen. Denn Billund hatte keine Realschule, und für den Schulbesuch im nahen Grindsted war kein Geld da. Als er mit 14 Jahren, nach der Konfirmation, von der Dorfschule abging, träumte er davon, Automechaniker zu werden, und hätte bei Meister Sorensen in Billund auch eine Lehrstelle erhalten. Doch Ole bat den Sohn inständig, in die eigene Firma einzutreten. Godtfred fügte sich: Zwischen ihm und seinem Vater hatte immer ein besonders enges, ja inniges Verhältnis bestanden. Noch sechzig Jahre später wird sich der Sohn in einem Interview voller Bewunderung über den Vater, sein großes Vorbild, äußern: «Trotz aller Schicksalsschläge blieb Vater sein Leben lang ein lustiger, stets gutgelaunter, humorvoller Mann. Bei all unserer Armut fühlten wir Kinder uns geborgen, hatten eine schöne Jugend. Nein, eigentlich fehlte es uns an nichts.» Und dann noch einmal, anläßlich des 50jährigen Firmenbestehens im Jahr 1982, sagte er rückblickend: «Der Glaube an Gott hat meinen Vater sein ganzes Leben lang geprägt. Er war es, der ihm lange über alle großen Sorgen und Schwierigkeiten hinweghalf. Glaube bedeutete für ihn aber nie, daß er untätig die Hände in den Schoß legte, sondern immer neue Aufgaben auf sich nahm.» Godtfred beschrieb den Vater bei diesem Anlaß als eigensinnig, zäh und unverwüstlich optimistisch. «Er hielt immer sein Wort», berichtete er, «er behandelte seine Mitarbeiter mit Fürsorge und Umsicht, ganz der gute Patriarch alten Schlages.»

Um die Kasse aufzubessern, kam der Tischler von Billund auf die Idee, mit dem letzten noch nicht entlassenen Lehrling Bügelbretter, Trittbretter, Malerleitern, Weihnachtsbaumständer und Hocker herzustellen. Dazu benötigte man besonderes Werkzeug. Ole investierte und kaufte Mitte der dreißiger Jahre eine Oberfräse aus Deutschland. Sie kostete damals 5 000 Kronen – 1 000 Kronen mehr als ein Jahresumsatz –, aber die Investition sollte sich rentieren.

In dieser wirtschaftlich schweren Zeit heiratete Ole Kirk Christiansen 1934 ein zweites Mal. Sein Sohn Godtfred betonte später immer wieder, welch segensreiche Rolle seine Stiefmutter in der frauenlosen Sippe Christiansen fortan spielte: «Unsere neue Mutter war der warme Mittelpunkt unserer Familie. Sie übernahm das Ruder in unserem Haus, schaffte Ordnung, machte Vater und uns glücklich.» 1935 bekamen die vier Tischlersöhne schließlich noch eine kleine Schwester namens Ulla.

Irgendwann fing Ole Kirk Christiansen an, in seiner Freizeit aus dem Abfallholz Minitrittleitern und Bügelbretter für Puppenstuben zu basteln. Das erste Holzspielzeug, das in Billund gebaut wurde! Ein Großhändler aus Fredericia schaute zufällig in der Dorftischlerei von Billund vorbei und war begeistert von den Miniaturen. Spielzeug, meinte er, müßten Kinder immer haben, auch in schlechten Zeiten. Eltern würden es kaufen, um sie die Armut vergessen zu machen.

Der Mann gab dem Tischler einen Großauftrag. Doch als die Lieferung fertig war, ging der Händler pleite, und Ole Kirk Christiansen blieb auf seiner gesamten Ware sitzen. Aber auch von diesem Rückschlag ließ er sich nicht entmutigen. Er stopfte alles in seinen alten Ford und klapperte die dörflichen Tante-Emma-Läden der Umgebung ab – und tatsächlich: Er wurde alles los. In halb Jütland wurde sein Spielzeug neben Petroleum, Putzmitteln, Käse und Wurst in den Kobmands-Läden der Dörfer verkauft. Es gab für den Hersteller neben Geld ab und zu auch Ware – Lebensmittel, Kartoffeln und einmal sogar einen ganzen Sack Krachmandeln.

Der 17jährige Godtfred bekam als zweitwichtigster Mann in der Werkstatt vom Vater den Auftrag, sich neue Spielzeugmodelle für die Firma auszudenken. 1939, mit 19 Jahren, besuchte GKC die Handwerkerschule in Haslev. Spielzeugherstellung wurde dort jedoch nicht gelehrt, und das reine Fachzeichnen machte dem jungen Mann aus Billund keinen Spaß. Er schwänzte oft und entwarf lieber Spielzeugmodelle, die sie zu Hause in der Werkstatt nachbauten, darunter Holzautos und ein zusammenklappbares Puppenhaus. Seine akribisch genauen, sehr plastischen Zeichnungen sind erhalten und im Firmenmuseum verwahrt.

Obwohl das Spielzeug sich verkaufte, stand der kleine Betrieb ständig vor der Pleite. «Wir hatten praktisch nie Geld», erinnert sich Godtfred Jahre später, «das war in den Dreißigern, aber später auch in den Vierzigern so.»

Ole hatte drei gute Freunde, die immer halfen, wenn es knapp zu werden drohte. Da wurden dann Wechsel ausgestellt, die alle drei Monate verlängert werden mußten. Dazu wurde Godtfred losgeschickt, weil man nach Oles Kalkül einem Jungen die Unterschrift wohl schwerlich verweigern konnte. Als auch dies nichts mehr half, wandte sich Ole an seine neun Geschwister und überredete sie, für ihn mit einem Darlehen von insgesamt 3 000 Kronen zu bürgen. Obwohl keiner von ihnen reich war, entschlossen sie sich nach einiger Überlegung, ihm zu helfen. So rettete also Familiensolidarität in letzter Minute Oles Existenz. Nun konnte er die Tischlerei behalten, aber dafür sparten die Verwandten nicht mit gutem Rat. Ob er denn nicht etwas Sinnvolleres herstellen könne als ausgerechnet Holzspielzeug? So oder ähnlich ließen sie sich vernehmen. Ole indes konnte nichts und niemand von seinem Spielzeug abbringen. Seine Schulden zahlte er Krone für Krone zurück. Im Jahr 1939 war das Darlehen seiner Geschwister mit Zins und Zinseszins zurückgezahlt. «Für Vater war die letzte Rate ein Freudentag», erinnert sich Sohn Godtfred später.

Eine kurzfristige Rettung aus der Misere nahte in Gestalt eines anspruchslosen kleinen Geschicklichkeitsspiels namens Jo-Jo. Das runde Ding hat schon vor 2 500 Jahren im Altertum jungen Griechen die Zeit vertrieben. Plötzlich war der dickliche Holzdiskus mit der sich bei geschickter Handhabung selbsttätig auf- und abwickelnden Schnur bei Kindern in ganz Europa wieder der letzte Schrei. Blitzschnell nahm Billunds Tischlerei Jo-Jos in die Spielzeugproduktion auf und konnte sich bald vor Aufträgen nicht mehr retten. Tag und Nacht wurde in der Werkstatt geschuftet, um die enorme Nachfrage zu befriedigen. Im Morgengrauen konnten der Tischler und seine Leute die fertigen, buntlackierten Jo-Jos dann im Handwagen zum Bahnhof bringen, um sie in die Eisenbahn zu verladen, die sie schließlich zu den Kunden beförderte.

DET BEDSTE ER
IKKE FOR GODT

Ole Kirks Motto «Nur das Beste ist gut genug» wurde später von Godtfred Kirk in Holz geschnitzt

Und damit die Nachbarn nicht im Schlaf gestört wurden, bekam der Karren dicke Gummiräder.

Als der Boom dann eines Tages ebenso schnell abebbte, wie er begonnen hatte, leerte der findige Ole sein volles Lager, indem er die Jo-Jos einfach durchschneiden ließ. So verwandelten sie sich in Lastwagenräder. Nun wurden Spielzeuglaster aus Billund in dänischen Genossenschaftsläden der Verkaufs-Hit für Kinder. Jeder einzelne davon war liebevoll getischlert, in Handarbeit von Frauen abgeschmirgelt, danach bemalt und sorgfältig lackiert worden.

Als Godtfred einmal, um zu sparen, einen Posten Holzspielzeug nicht ausreichend lackiert auf die Reise schickte, mußte er auf Befehl Oles die Sendung vom Bahnhof zurückholen und fertig anmalen. Was Qualität anbetraf, verstand Ole keinen Spaß. Sein Motto hieß: «Det Bedste er ikke for godt.» – «Nur das Beste ist gut genug.» Godtfred war es, der den Spruch in Holz schnitzte und grün anmalte. Das Schild hing fortan an der Wand der Werkstatt und sollte die sechs bis sieben Mitarbeiter motivieren, die Ole in Stoßzeiten für die Produktion anstellte. Heute hängt der Wahlspruch im LEGO Museum.

Ende der dreißiger Jahre setzte sich das Spielzeug aus Billund allmählich in ganz Dänemark durch. Die kleine Tischlerei in Jütland produzierte je nach Mode verschiedene Spielsachen. 1933/34 waren putzige Ziehenten die Haupteinnahmequelle.

Nun hatte Ole Christiansen erstmals nicht nur genügend Aufträge für die eigene Werkstatt, er konnte auch anderen Familien in seinem Heimatdorf Arbeit geben.

1936 tauchten auf der Preisliste der Firma 49 «Dessinnummern» auf. Der teuerste Artikel, ein Lieferwagen, kostete damals 36 Dänische Kronen – das Dutzend!

Dieses Spielzeug war auf dem Markt, bis die Holzspielzeugproduktion eingestellt wurde. Die niedlichen Ziehenten etwa, von vielen Billunder Heimarbeitern handbemalt, bevölkerten unzählige dänische Kinderzimmer.

Doch etwas fehlte noch: Ein Firmenname mußte her, mit dem jedes Teil, das die Werkstatt verließ, gestempelt werden konnte. Denn Verpackung galt damals als überflüssiger, kostspieliger Luxus. «Spielzeug aus der Tischlerei Christiansen in Billund» – das klang nicht so recht. Für den, der einen griffigen Namen erfand, lobte Ole 1934 eine Flasche des hausgemachten Rhabarber-«Rotweins» aus. Dieser wurde nur zu besonderen Anlässen, wie Ostern, Pfingsten und Weihnachten, ausgeschenkt – aber schmecken wollte er keinem so recht. Vielleicht war dies der Grund, weshalb weitere Namensvorschläge ausblieben.

Ole Kirk Christiansen wurde jedenfalls sein eigener Preisträger. Ihm fiel nämlich der genial einfache Begriff LEGO ein, eine Zusammensetzung aus den ersten Silben für das dänische «Leg godt» – «Spiel gut.» Ein einprägsamer Name. Fortan bekam jeder Artikel aus der Billunder Werkstatt per Gummistempel den Namen LEGO aufgedrückt. Daß das Wort zufällig auf lateinisch «ich sammle», aber auch «ich lese» und «ich setze zusammen» bedeutet, ahnte Ole nicht.

Im Jahr 1939 begann der Zweite Weltkrieg. Am 9. April 1940, sieben Monate nach Kriegsausbruch, war es über Nacht vorbei mit der dänischen Unabhängigkeit. Die Deutschen brauchten ein Sprungbrett nach Norwegen. Ihr Botschafter informierte den dänischen Außenminister darüber, daß die Wehrmacht in Dänemark einmarschieren würde. Im Falle eines Widerstands würde Kopenhagen bombardiert werden. König Christian X. (1912–1947) und die Regierung entschieden sich für die Annahme des Ultimatums, um die Bevölkerung zu schonen, und legten nur formellen Protest gegen den Überfall ein. Auf Anweisung der Besatzungsmacht versuchten sie, Ruhe und Ordnung und das normale Alltagsleben aufrechtzuerhalten. Alle Dänen schlossen sich zu einer nationalen Sammlungsregierung zusammen, die von vielen unterstützt wurde, weil man auf ein schnelles Ende der deutschen Besatzung hoffte. Doch das erwies sich als Irrtum. Erst am 5. Mai 1945, wenige Tage vor Kriegsende, wurde Dänemark als vorletztes besetztes Land vor Norwegen von britischen Truppen befreit. Viele Bürger zeigten den Deutschen aber während der ganzen Besatzungszeit die kalte Schulter. Nationale Anlässe wie der 70. Geburtstag des Königs wurden zu Demonstrationen der eigenen Souveränität genutzt.

In den Oktobertagen 1943 begann eine beispielhafte Rettungsaktion für die Juden des Landes. In die Geschichte der europäischen Judenvernichtung ging sie als «das kleine Licht in der großen Finsternis» ein. Das Schicksal der dänischen Juden ist im Vergleich zu dem, was dem jüdischen Volk in Europa widerfuhr, eine positive Ausnahme. In der Nacht auf den 2. Oktober 1943 war die Festnahme der dänischen Juden und ihr Abtransport in Vernichtungslager geplant. Ein deutscher Offizier warnte die Dänen und das Ober-Rabbinat. Die Häscher kamen zu spät. Das war das Verdienst einiger mutiger Männer und zahlreicher anonymer Helfer. Als die Gestapo an die Türen pochte, waren die meisten Gesuchten verschwunden. Fast alle wurden bei Freunden und Nachbarn versteckt, auch bei Menschen, die sie nie gesehen hatten. Einige Hundert wurden trotzdem nach Deutschland deportiert. Innerhalb weniger Tage wurden 7000 dänische Juden nachts in Kähnen, Fischerbooten und Ruderbooten über den Öresund gebracht, hinüber ins rettende Schweden. Gewiß, so mancher Fischer ließ sich den lebensgefährlichen Job bezahlen. «Aber niemand blieb am

**Mitarbeiter der Werkstatt beim Torfstechen
(links: Ole Kirk, rechts: GKC)**

Ufer stehen, weil er nicht zahlen konnte», betonte Jahre später der damalige Ober-Rabbiner von Dänemark.

Während des Zweiten Weltkriegs waren in Dänemark unter deutscher Besatzung Brot, Butter, Kaffee und Seife rationiert. Kaffee-Ersatz wurde aus Rüben, Gerste und den Wurzeln der Zichorie hergestellt. Das Autofahren wurde eingeschränkt. Von über 108 000 Autos in Dänemark fuhren 1942 nur noch 3 700 auf den Straßen. Anfang der vierziger Jahre wurde der Import von ausländischem Spielzeug unterbunden, was für die Spielzeugmacher in Billund natürlich eine große Chance bedeutete.

Nun konnten sie alles an ihre Landsleute verkaufen, was sie herstellten, denn es gab nichts anderes mehr. Damals bewahrheitete sich auch die Prognose jenes Spielwarenhändlers aus Fredericia, der Ole vor Jahren einen Großauftrag gegeben hatte und kurz darauf pleite gegangen war: Eltern kauften ihren Kindern nun das fröhlich-bunte, handwerklich solide und gleichzeitig billige LEGO Holzspielzeug, um sie die trüben Zeiten vergessen zu lassen.

Die Umsätze stiegen, wenn auch langsam. Betrugen sie 1933 noch 4 000 Kronen, waren es ein Jahr später 9 000 Kronen, 1941 bereits 123 000 und 1944 200 000 Kronen. Anfang der vierziger Jahre hatten immerhin 15 Mitarbeiter ihr festes Auskommen im Betrieb. Sie fühlten sich wie eine große, von einem Muster-Patriarchen geführte Familie. Typisch für jene Jahre: Weil Brennmaterial während des Krieges knapp war, wurden in den dänischen Mooren wieder Millionen von Torfsoden gestochen. Ein vergilbtes Foto aus jener harten Zeit zeigt die Leute aus der Werkstatt nach Feierabend gemeinsam mit Ole Kirk Christiansen und seinem Sohn Godtfred Kirk «GKC» beim Torfstechen.

Schließlich drohte wiederum ein zerstörerisches Feuer alle Lebensträume Ole Kirks in Asche zu verwandeln: In der Nacht zwischen dem 20. und 21. März 1942 brannte die Werkstatt ein zweites Mal bis auf die Grundmauern nieder. Glück im Unglück: Obwohl ein Schneesturm gewütet hatte, war in Billund eine Telefonleitung unversehrt geblieben, und zwar ausgerechnet der direkte Draht zur Feuerwehr in Grindsted! So konnten die Retter alarmiert werden. Die Feuerwehr rückte aus und bewahrte in letzter Minute Privatwohnung, Büro, Lager – und wohl auch den Rest des Dorfes – vor der Vernichtung.

Der Brand bedeutete eine finanzielle Katastrophe. Die Versicherungssumme deckte nur einen Bruchteil des Schadens. Damals, berichten Zeitzeugen, habe man Ole Kirk Christiansen, den stets Optimistischen, Standhaften, zum ersten Mal völlig mutlos erlebt. Als er morgens die Brandstelle besichtigte, übermannte den 50jährigen die Verzweiflung.

Doch mittlerweile war man schon andernorts auf ihn aufmerksam geworden. Mehrere Gemeinden in Jütland boten dem innovativen Kleinunternehmer günstiges Bauland und gute Startbedingungen für eine neue Werkstatt an.

1942 wird die Tischlerei durch einen Brand vollkommen zerstört

Die Angebote waren verlockend. Dennoch schwankte Ole auch angesichts dieses erneuten Schicksalsschlages nicht eine Sekunde in seiner Absicht, in Billund zu bleiben. Er nahm neue Kredite auf und fing wieder an zu bauen.

Schon Ende 1942 war die neue Fabrik fertig (siehe Abb. S. 45). Sie umfaßte jetzt 560 Quadratmeter auf zwei Etagen und 50 Quadratmeter Keller. Ein hochmoderner Betrieb, konzipiert für 40 Mitarbeiter. Jetzt waren Holztiere am gefragtesten, gefolgt von knallrot bemalten Autos und Eisenbahnen. Der Verkauf lief damals übrigens ausschließlich über Spielwarengroßhändler, sie bestimmten, was produziert und verkauft wurde.

Am 24. April 1944 wurde die Werkstatt juristisch in ein Unternehmen umgewandelt. Es hieß «Spielzeugfabrik LEGO Billund A/S». Ole war der Senior-Direktor, der damals 24jährige Godtfred seine rechte Hand.

1945 endete der Alptraum Krieg. Mitteleuropa, vor allem

Deutschland, der Kriegsverursacher, war ein einziges Trümmerfeld. Doch gleichzeitig stand die Industrie vor neuen Herausforderungen. «Der Krieg ist der Vater aller Dinge.» – Dieser schaurige Satz schien sich einmal mehr zu bewahrheiten.

Eine weltweit auf Hochtouren laufende Rüstungsindustrie hatte bereits während der sechs Kriegsjahre von Japan bis in die USA auf allen Kontinenten Technik und Forschung vorwärtsgepeitscht. Neue Produkte waren erforscht und weiterentwickelt worden, vor allem neue Kunststoffe, deren Vorläufer, das Zelluloid, man bereits 1868 erfunden hatte.

1907 wurde der Kunststoff Bakelit patentiert. Von 1927 an gab es PVC, 1937 kam Polystyrol, 1939 Melamin auf den Markt. Nach dem Krieg brach die Zeit von Celluloseazetat an. Es war auf der Basis von Holz hergestellt und eröffnete völlig neue Möglichkeiten.

Die neuen Chancen wollte sich Ole Kirk Christiansen nicht entgehen lassen. Ihn zog es mit Macht ins Kunststoffzeitalter. Schließlich wußte kein Mensch, wie sich in der Nachkriegszeit der Spielzeugmarkt entwickeln würde. Wie sollte die Firma LEGO auf längere Sicht überleben, nachdem der Importstopp für ausländisches Spielzeug gefallen war? Sohn Godtfred erinnert sich Jahre später: «Ich sträubte mich heftig gegen Vaters Pläne, denn wir hatten endlich mal ein bißchen Geld in der Kasse.»

Doch Ole Kirk wollte wie immer das Neueste vom Neuen. Mit Mühe gelang es Godtfred, den Senior davon abzuhalten, nicht gleich die große Spritzgußmaschine der britischen Firma Windsor anzuschaffen, die er am liebsten gehabt hätte, sondern erst eine kleine. Als erster Spielzeugunternehmer in Dänemark kaufte er 1947 auf Pump eine Kunststoff-Spritzgußmaschine zur Herstellung von Spielzeug und experimentierte damit.

«Mit dem Kunststoff kam das Abenteuer nach Billund», heißt es vielversprechend in der LEGO Firmenchronik. Eine stark untertriebene Beschreibung für die Innovation, die über die heile Welt des Holzspielzeugs hereinbrach und die den ganzen Betrieb und

Einstieg in die Kunststoff-Ära: Die erste Spritzgußmaschine, die in der LEGO Fabrik aufgestellt wurde

seine Produktion langfristig total umkrempeln sollte. Bei den ersten Versuchen mit Kunststoff kam eine von GKC entworfene Kinderrassel in Form eines recht unscheinbaren Goldfisches heraus. (siehe Farbbildteil)

Dennoch hat sie Symbolwert: Über drei Jahrzehnte später, 1983, sollte die Firma mit einer Kinderrassel den Start in die erfolgreiche DUPLO Baby-Serie (heute die LEGO PRIMO Serie) schaffen.

Ganz anders lief es mit dem Ferguson-Traktor (siehe Farbbildteil), dessen Miniaturausgabe den LEGO Entwicklern als geeignetes Kinderspielzeug erschien. Warum ausgerechnet ein Traktor der Firma Ferguson? Das robuste Ding war damals in ganz Europa Symbol für Aufbau und Neubeginn! Der Traum aller Väter mit eigener Scholle, die damit ihre Äcker pflügen, güllen und ernten konnten. In Dänemark, damals noch fast ein reines Agrarland, gab es viele solcher Väter. Und viele kleine Jungen, die davon träumten, mit Papa auf dem Bock des Ferguson zu sitzen und über Wiesen und Felder zu hoppeln.

Der LEGO Ferguson war wie das Original mausgrau und aus Kunststoff. Und er war so konstruiert, daß ihn jeder kleine Treckerführer auseinandernehmen und wieder zusammensetzen konnte. Ein genialer Vorläufer späterer Produkte. Die Entwicklung des Prototyps dauerte fast ein Jahr und kostete soviel wie ein richtiger Traktor. Damals jedenfalls ein kleines Vermögen. Doch dann war das Spielzeug qualitativ so gut, daß es einfach ein Erfolg werden mußte.

Ende der vierziger Jahre waren in Billund 50 Mitarbeiter beschäftigt. Obwohl inzwischen juristisch eine GmbH, funktionierte der Betrieb weiterhin als Familienbetrieb. Alle vier Söhne Oles arbeiteten mit. Karl Georg, gelernter Zimmermann, verantwortete die Kunststoffproduktion. Gerhardt, gelernter Meierist, beaufsichtigte die Holzspielwarenproduktion. Der älteste Sohn Johannes kümmerte sich um Vertrieb und Transport der Waren. Ständig wurden neue Ideen ausgebrütet, neue Produkte angeboten. Ende

Im Dezember 1942 war die neue Fabrik fertig

1949 wurden über 200 verschiedene Produkte aus Holz und Kunststoff produziert.

Billund boomte. Ende der vierziger und Anfang der fünfziger Jahre gab es dort 20 Häuser und vier Höfe, einen Krug, in dem nichtalkoholische Getränke ausgeschenkt wurden, den Bahnhof und ein paar Geschäfte. Ole Kirk war nun ein allseits geachteter Unternehmer. Weil ihm das Wohl seiner Mitarbeiter, das leibliche wie das geistige, besonders am Herzen lag, ließ er 1952 für die damals 140 Mitarbeiter eine Kantine einrichten. Auf seinen Wunsch begann hier jede Tagesschicht mit einer Andacht. Die Teilnahme war freiwillig, doch fast alle Mitarbeiter kamen morgens zusammen, um gemeinsam zu beten.

Ole beteiligte sich maßgeblich an Initiativen zum Wohle seines Heimatorts: an der Umstellung vom Gleich- zum Wechselstrom, der Anlage von Bürgersteigen, der Kanalisierung, der Einrichtung einer Bastlerschule. Außerdem kaufte er ein großes Stück Ödland, ließ es erschließen und stellte es Mitarbeitern zu vorteilhaften Bedingungen als Bauland zur Verfügung. Sein Leben blieb trotz der aufkommenden Hektik bescheiden und beschaulich: Am liebsten arbeitete er in seiner knappen Freizeit in seinem Garten, in dem er Bienenvölker hielt. Aus einem Teil des Honigs braute er Met.

Im Werk experimentierte man während dieser Zeit weiter mit Kunststoffguß. Unter den Verkaufsartikeln tauchten 1949 Vorläufer des späteren Klötzchens auf: die farblich wenig ansprechenden «Automatic Binding Bricks». Ihren Namen verdankten sie dem in der Nachkriegszeit weitverbreiteten Trend, Produkten englische Bezeichnungen zu geben. Die «Bricks», die von den englischen «Kiddicraft Klötzen» inspiriert waren, können als die Urahnen der berühmtesten Mauersteinchen der Welt gelten. Auf ihre Oberfläche waren Noppen gepreßt, einmal vier und einmal acht, so daß man sie besser zusammenstecken konnte.

Neben den «Kiddicraft Klötzchen» wies zur damaligen Zeit auch ein Produkt aus Deutschland vergleichbare Noppen auf. Im thüringischen Rudolstadt hatte der Fabrikant Friedrich Adolph Richter 1880 mit der Produktion der später weltbekannten Anker-Steinbaukästen aus Naturmaterialien begonnen.

Nach dem Zweiten Weltkrieg wurde die Anker-Produktion 1947 in Thüringen wiederaufgenommen. Zur Verbesserung der Baustatik überzog man fortan die Oberseite der Steine mit kleinen, runden, systematisch angeordneten Noppen und ergänzte die Unterseite um die dazugehörigen Paßlöcher. Diese Noppensteine wurden von 1947 bis 1959 produziert. Doch weil das Werk in Rudolstadt in der russischen Besatzungszone und späteren DDR lag, wurde das geniale Prinzip nicht weiter bekannt. Seit 1995 produziert die Firma Anker in Taucha bei Leipzig weiter und bietet unter anderem auch zwei «Noppen-Baukästen» im alten Stil an.

Die 1953 in «LEGO Mursten» («Mauerstein») umgetauften Steine waren zunächst kein Verkaufsschlager. Nach den Zerstörungen während des Krieges wollten Europas Kinder zwar mit Baustei-

46

nen Wiederaufbau spielen, doch Oles «LEGO Mursten» nahmen im Kinderzimmer zuviel Platz ein. Der Spielzeughandel reagierte auf das neue Produkt deshalb nicht sonderlich begeistert. Kästen wurden nur abgenommen, weil die Firma bei Nichtverkauf vollständiges Rückgaberecht garantierte. Und es kamen viele Kästen zurück!

Auf welche Goldgrube man langfristig mit den aus Kunststoff gegossenen, noch unscheinbaren «LEGO Mursten» gestoßen war, ahnte außer Ole damals kein Mensch. Godtfred blieb jedenfalls lange skeptisch und setzte hauptsächlich auf das Holzspielzeug. Dies war weiterhin eine wichtige Einnahmequelle der Firma, obwohl Kunststoffartikel im Jahr 1951 bereits 50 Prozent der Produktion ausmachten.

Die fünfziger Jahre brachen an. Dänemark befand sich auf dem Weg zum Wohlfahrtsstaat. Die Thronfolge wurde geändert. Seither können auch Frauen an der Spitze der Monarchie stehen. Die 45-Stunden-Woche wurde eingeführt. Die Zahl der arbeitenden Frauen stieg. Die Zahl der Fernseher auch: Gab es 1955 noch vier Fernseher pro 1000 Einwohner, waren es 1960 schon 388.

Billund hatte 1950 knapp 500 Einwohner, die LEGO Firma zählte 150 Angestellte. In diesem Jahr wurde Godtfred an seinem 30. Geburtstag vor der ganzen Belegschaft feierlich zum Junior-Direktor ernannt. Von der Familie bekam er eine reich ausgeschmückte Ernennungs-Urkunde mit der Begründung für seine Beförderung überreicht. Sie klingt äußerst schmeichelhaft. Der Vater, die Mutter und die Brüder – alle hatten unterschrieben.

Ein Foto des frischgebackenen Junior-Direktors, aufgenommen an seinem Ehrentag im Garten in Billund, zeigt einen schmalen jungen Mann im dunklen Pullunder, die Ärmel seines Oberhemdes hochgekrempelt. Er blickt gerührt und auch sehr nachdenklich drein (siehe Abb. S. 48).

Bis zu jener Zeit konnte das Spielzeug nur über Großhändler abgesetzt werden. Nun stellte die Firma zum ersten Mal zwei eigene

47

GKC im Garten in Billund am Tag seiner Ernennung zum Junior-Direktor, aufgenommen an seinem Geburtstag (8. 7. 1950)

Vertreter ein. Sie sollten herumreisen und überall die Produkte anpreisen. Im Frühjahr 1951 stellten sich beide Vertreter übereinstimmend auf den Standpunkt, es lohne sich nicht, den Handel vor den Sommerferien zu besuchen, denn für das Weihnachtsgeschäft würde erst nach den Ferien eingekauft. Aufgerüttelt durch diese Information, überlegte Ole, den Betrieb im Sommer zu schließen, um die Kosten zu senken, denn ein Lager wäre zu teuer gewesen. Doch Godtfred, der frisch ernannte Junior-Direktor, protestierte heftig. Er packte seine Frau Edith in sein altes Auto, fuhr mit ihr, die meistens strickend auf dem Beifahrersitz saß, durch halb Dänemark und bot in Warenhäusern und Spielwarengeschäften seine Ware an. Und siehe da: GKC entpuppte sich als begnadeter Vertreter. Stapelweise brachte er Aufträge mit zurück nach Billund. Durch seinen unermüdlichen Einsatz war dort die Arbeit wiederum gesichert. Noch Jahre später klapperte Godtfred regelmäßig

Dänemark ab und entwickelte sich zum besten Firmenvertreter, der sich von niemandem etwas vormachen ließ.

1951 erlitt Ole Kirk Christiansen eine erste Gehirnblutung, von der er sich nie mehr ganz erholte. Im Laufe der nächsten Jahre rückte ganz allmählich der Junior-Chef an die Stelle des kränkelnden Vaters. Ein Mann mit stets wachem Bewußtsein, immer offen für Anregungen, neue Ideen, neue Märkte. Und ein listiger Kopf obendrein. So fiel ihm auf seinen Reisen nach Kopenhagen, wo er unermüdlich versuchte, Kaufhäuser als Großkunden für Spielzeug aus Billund zu gewinnen, auf, daß ihm sehr oft ein gewisser Arne Bødtker mit dem Konkurrenzprodukt «Byggefix» (Baufix) zuvorkam. Godtfred beriet sich eingehend mit Ole, dann handelte er nach der alten Unternehmerregel: «If you can't beat them, buy them.» Er machte dem lästigen Konkurrenten ein Angebot, das dieser nicht ausschlagen konnte. Von 1953 bis 1979 arbeitete der smarte Arne daraufhin als hochgeschätzter Mitarbeiter in Billund, zuletzt als Direktor für die Vertriebsgesellschaft LEGO Danmark A/S.

Während einer Schiffsreise nach England, wo er eine Messe besuchen wollte, traf Godtfred 1954 zufällig den Einkaufschef des berühmten Kaufhauses «Magasin du Nord» in Kopenhagen. Die beiden kamen miteinander ins Gespräch, und irgendwann meinte der Einkaufschef: Allem handelsüblichen Spielzeug fehle eines – ein System. Eine höhere Ordnung sozusagen. Godtfred horchte auf. In den folgenden Monaten dachte er sich zehn Grundregeln für das LEGO System im Spiel aus, die, 1963 veröffentlicht, dennoch bis heute Gültigkeit haben (siehe Abb. S. 50).

Sie enthalten folgende Forderungen an Spielzeugprodukte:

○ unbegrenzte Spielmöglichkeiten

○ für Mädchen und Jungen

○ begeistert alle Altersgruppen

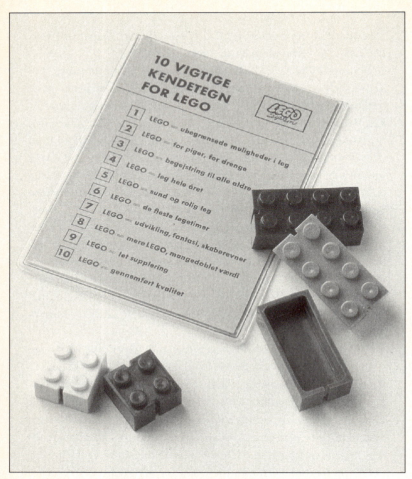

Die von GKC in den 50er Jahren entwickelten, nicht vor 1963 veröffentlichten «10 Regeln» für gutes Spielzeug

- Ganzjahresspiel

- gesundes und ruhiges Spiel

- die meisten Spielstunden

- Entwicklung, Phantasie, Kreativität

- mehr LEGO vervielfacht den Spielwert

- leicht zu ergänzen

- perfekte Qualität

Doch welches der mittlerweile etwa 200 Produkte der Extischlerei bot sich an, zu einem System ausgebaut zu werden? Im Grunde nur ein einziges: die Bausteine aus Kunststoff.

Um systemwürdig zu sein, mußte der Baustein jedoch völlig neu konstruiert werden. Godtfred löste 1957 das Problem auf trickreiche Weise, indem er den schwerverkäuflichen «Mursten» zu ihren Noppen auf der Oberfläche noch drei Röhrchen auf der Unterfläche verpaßte. Ergebnis: Die Bausteinchen waren unbegrenzt steck- und stapelbar. Bis auf den heutigen Tag paßt jeder Stein genau auf den anderen. Wackelt nicht, klemmt nicht, hält ausgezeichnet.

Die Entwicklung des legendären Klötzchens war also kein genialer Geistesblitz, sondern eher eine schwierige Zangengeburt. Sie ist heute im Haus der LEGO Idee in Billund bis ins kleinste dokumentiert.

B. O. Nielsen, ein pensionierter Mitarbeiter aus der Produktionstechnik, erinnert sich an die Anfangsphase: «Sorgen bereitete uns, den Herstellern, die nach wie vor geringe Klemmkraft. Besonders aus Deutschland erreichten die Firma viele Klagen, weil die Klötzchen nicht zusammenhielten.» Godtfred tüftelte deshalb unermüdlich weiter an den Mauersteinen.

Von 1956 an wurde der LEGO Name auf sämtliche Knöpfe, die nun unterseitig ausgehöhlt waren, eingepreßt. Doch auch das half nicht viel. Beim Bauen fielen sie immer wieder auseinander. Auf Godtfreds Wunsch baute die Formenwerkstatt in den Mauerstein Versteifungsrippen mit einer Rille, einem Einschnitt außen an der Schmalseite, ein. Dadurch verbesserte sich die Klemmkraft wieder ein wenig, reichte aber immer noch nicht aus. Dennoch kam diese Lösung erst einmal in den Handel.

Daneben wurden zahlreiche andere Versuche unternommen, die aber auch kaum eine Verbesserung brachten. Godtfred war wirklich sauer: «Klemmkraft, Klemmkraft und nochmals Klemmkraft», forderte er immer wieder von seinen Mitarbeitern. Aber eine gute Idee läßt sich nicht erzwingen.

Erst Ende 1957 war die Lösung plötzlich da. Kein Mensch weiß woher. Als man dem Kern noch eine dritte Bohrung zwischen den zwei vorhandenen verpaßte, war man am Ziel: Drei Röhrchen im Hohlraum eines Achtknopfsteins gewährleisten bei jeder Art des Zusammenbaus stets einen Dreipunktkontakt zwischen Knöpfen und Innenrohren. Die perfekte Lösung, wie wir sie heute noch kennen, war geboren.

Die gute Idee mußte aber nicht nur genutzt, sondern auch geschützt werden. Ein Ingenieur vom dänischen Patentschutzamt riet Godtfred: «Laß dir nicht nur die Sache mit den Innenrohren, sondern auch alle denkbaren Alternativen als Patent schützen, damit die Konkurrenz da nicht einhaken kann.»

Ein Wettlauf mit der Zeit begann. Denn die Konkurrenz schlief nicht. In der Formenwerkstatt in Billund arbeitete man rund um die Uhr, alle denkbaren Lösungen wurden durchgespielt. Einer konstruierte, die Werkzeugmacher bauten danach die Formen. Dann wurde gegossen. Für die Patentanmeldungen wurden fertige Prototypen und Zeichnungen in dreifacher Ausführung gebraucht. Godtfred reiste mit den Plänen nach Kopenhagen und reichte sie ein. Am 28. Januar 1958 um 14.58 Uhr war es dann soweit! Alle Lösungen für ein in Dänemark patentiertes Spielzeugelement waren angemeldet. Ein Jahr später erweiterte die LEGO Firma die Patente aufs Ausland. Das Mirakel der Noppen begann. Von da an ging es mit den Klötzchen nur noch steil bergauf.

Godtfreds Noppen und Röhrchen halten seither die LEGO Spielwelt im Innersten zusammen. Klötzchens weltweiter Siegeszug startete. Unendlich viele neue Kombinationsmöglichkeiten taten sich nun auf. Jedes Kind kann seither mit denselben Bausteinen ganz unterschiedliche eigene Modelle bauen. In der Produktionspräzision, dem soliden Sitz der Steine, stand die LEGO Gruppe Schweizer Uhrmachern bald in nichts nach. Die Fehlertoleranz bei der Herstellung liegt heute bei einem Fünftausendstelmillimeter, weniger als einer Haaresbreite.

Die erste «LEGO System im Spiel»-Broschüre versprach 1955 vollmundig: «Eine LEGO Neuheit, auf die man bauen sollte. LEGO Mauersteine – System im Spiel – gibt es in schicken Geschenkpackungen (Supplementskästen) ab 1, 2 und 3 Kronen. Das ideale Geburtstagsgeschenk. Kostet nicht die Welt, weckt Jubel und Begeisterung.» Der weiterentwickelte LEGO Mauerstein bildete fortan die Grundlage für das auf dem Spielzeugmarkt völlig neue «LEGO System im Spiel». Zum Sortiment gehörten damals 28 Kästen, acht Autos und diverse Schachteln mit losen Elementen.

«Bedrückend gegenwärtig ist mir der Einsturz frisch errichteter Legohäuser, wenn ein oder zwei ausgeleierte Dachsteine die Dachschräge destabilisierten. Ebenso lästig waren klemmende Steine, die man nur mit der Schere wieder auseinanderbekam. Heute bietet Lego ein spezielles kleines Steintrennwerkzeug an.»

(Peter Glaser «Legolize it – Don't criticize it»)

Rekapitulieren wir noch einmal: Am 1. Mai 1954 wurde der LEGO Name vorerst in Dänemark als Warenzeichen eingetragen. 1955 stellte man das neue Spielzeugsystem zunächst in einer großen

Beispiel für die Vermarktung 1958: Motiv aus einem LEGO Kalender

Ausstellung im «Magasin du Nord» vor. Trotz der skeptischen Mienen einiger Spielwarenhändler wurde es auf Anhieb ein Erfolg.

Die erste Bestellung kam am 19. Juli 1955 von einem Mann namens Holger Sørensen. Er war der größte dänische Spielzeughändler außerhalb Kopenhagens. Kurz vorher hatte er noch kopfschüttelnd gemeint: «Damit haben die Leute von LEGO aber danebengegriffen.»

Weil Godtfred die Wirkung guter Werbung und Verpackung erkannte, ließ er die Billunder Steinchen fortan in bunte Schachteln stecken. Die drei Kinder, die, mit LEGO Steinen spielend, auf den Schachteln abgebildet waren, gehörten ebenfalls der Familie an: Es handelte sich um den derzeitigen Chef der LEGO Gruppe Kjeld

Kirk Kristiansen und seine beiden Schwestern. Das sparte das Honorar für kleine Fotomodelle.

Die Firma expandierte. Das sicherste Zeichen: Man stellte den ersten Personalchef ein – einen Pastor übrigens – und den ersten Werbechef. Der Verkauf in Dänemark lief problemlos. Jetzt peilte man das Ausland an. Bereits seit 1953 wurden in Norwegen z. B. LEGO Mauersteine mit gemieteten Werkzeugen aus Billund hergestellt und auf den Markt gebracht. Wenig später folgte Schweden. Doch das eigentliche Interesse galt dem großen Nachbarn Westdeutschland. Ein riesiger Markt! Immer wieder wurden seine Möglichkeiten und Untiefen von den bedächtigen Dänen gründlich ausgelotet.

1955 besuchte Godtfred zum ersten Mal das Mekka der Spielzeugindustrie: die Spielzeugmesse in Nürnberg. Ein eigener Stand war aus Kostengründen noch nicht möglich, also stellte Godtfred am Stand eines befreundeten Fabrikanten den Einkäufern großer deutscher Kaufhäuser sein LEGO System vor. Die Reaktionen waren ernüchternd. Die dänischen Klötzchen verursachten bei den deutschen Profis nur Kopfschütteln. Ihre übereinstimmende Meinung: Für unseren Markt total ungeeignet! Eine der vielen Fehleinschätzungen, an denen die LEGO Story so reich ist.

Doch Godtfred ließ sich nicht entmutigen. Um Weihnachten 1955 tauchten in einigen Testgeschäften in Norddeutschland die ersten LEGO Kästen auf und verkauften sich genausogut wie in Dänemark.

Kurz nach Neujahr 1956 fuhr der unermüdliche GKC mit seinem Steuerberater im Schlepptau nach Hamburg. Mit Hilfe des dänischen Konsulats ließ er in der Metropole des Nordens alle juristischen, steuerlichen und kaufmännischen Voraussetzungen für die Gründung von LEGO Deutschland recherchieren.

Auf der Heimfahrt stoppte man in Hohenwestedt. Ein mit Billund vergleichbares Dorf im oberen Zipfel Schleswig-Holsteins. Godtfred erinnerte sich: Hier wohnte doch ein Mann, den er ein-

Axel Thomsen, der erste LEGO Geschäftsführer in Deutschland

mal flüchtig in Schweden kennengelernt hatte. Axel Thomsen hieß er und war Fabrikant von Puppenmöbeln. Man unterbrach die Reise, stieg aus, besuchte Thomsen und wurde gastfreundlich aufgenommen. Godtfred stellte sein LEGO System vor. Axel Thomsen war davon so begeistert, daß er seinen Gast spontan um eine Anstellung als deutscher Generalvertreter bat. Der lehnte ab. Die beinharte Begründung: «Du hast deine eigene Firma. Wir können nur einen Mann gebrauchen, der sich hundertprozentig für uns einsetzt.»

Einige Tage später reiste Thomsen nach Billund. Sein Interesse war so groß, daß er bereit war, die eigene Fabrik auf seinen Sohn zu übertragen, falls er dafür LEGO Produkte auf dem deutschen Markt einführen könnte. Die Vereinbarung kam zustande. Axel Thomsen wurde der erste Geschäftsführer für LEGO Deutschland.

Damit war der Weg frei für den fulminanten Start auf dem deut-

**Gründung der LEGO Spielwaren GmbH, Deutschland
(von links: Rechtsanwalt Bojes, Ole Kirk, GKC und Axel Thomsen)**

schen Millionen-Markt, bis heute der größte Abnehmer für LEGO Produkte. Die Büros des ersten Billunder Ablegers im Ausland lagen im ein wenig schäbigen Bahnhofshotel von Hohenwestedt. Mit 20 000 Mark Werbeinvestitionen, den letzten Firmenreserven, sollte 1956 der Markt von Flensburg bis zum Bodensee erobert werden. Die Wahl fiel auf Kinowerbung. Ein Zweiminutenstreifen wurde produziert. In der Hauptrolle: eine Familie, mit Axel Thomsen als Familienvater. Mit andächtigen Gesichtern hocken alle auf dem Fußboden und «noppen». Ihr Spruch läßt noch heute Werbeprofis erbleichen: «Alle bauen, groß und klein, bauen mit dem LEGO Stein.»

Dieser Spot lief nur in einem einzigen Hamburger Kino. Dann war die Kasse leer. Godtfred und Thomsen heuerten daraufhin Dutzende von Familien an, die in den Spielwarenabteilungen der Warenhäuser nach dem LEGO System fragen sollten. Das Grund-

Die vier Brüder Gerhardt, Johannes, Godfredt und Karl Georg Kirk Christiansen (von links) im Jahre 1958

sortiment «LEGO System im Spiel» wurde durch Schächtelchen für ein bis zwei Mark ergänzt, welche die Kinder sammeln konnten.

Plötzlich fingen die Einkäufer wie wild zu bestellen an, und – was das wichtigste war – sie, die vorher bei den Preisen Sonderkonditionen aushandeln wollten, begnügten sich auf einmal mit denselben Rabattbedingungen wie die Spielzeuggroßhändler.

1956 schafften die Billunder den ersten Lastwagen an. Der jüngste Sohn der Christiansens, Gerhardt, lieferte fortan damit Nachschub über die dänische Grenze bei Krusa nach Hohenwestedt. Weil man zur Klötzchen-Produktion absolutes Präzisionswerkzeug benötigte, kam zur 1953 in Billund erbauten Werkzeugfabrik 1958 eine zweite in Hohenwestedt dazu: LEGO Werkzeugbau GmbH, ursprünglich aus einer Betriebsabteilung hervorgegangen und im Jahre 1964 in eine GmbH umgewandelt. Diese zweite Fabrik produzierte zunächst Formen für die Modellautos eines Stadtplans für Kinder, der sich als großer Renner erwies.

Angesichts des raschen Marktwandels in den folgenden Jahrzehnten beschloß das Management der LEGO Gruppe, die Administrations- sowie die Verkaufs- und Marketingabteilung der LEGO GmbH 1999 von Hohenwestedt nach München zu verlegen. Die Entscheidung fiel 1998. Man wollte mit dem deutschen Markt noch engeren Kontakt pflegen.

In der zweiten Hälfte der fünfziger Jahre exportierte das LEGO Unternehmen bereits in die Schweiz, nach Schweden, Holland, Belgien, Frankreich und Italien. Mit einem rauschenden Fest und vielen Gästen wurde in Billund 1957 das 25jährige Firmenjubiläum gefeiert und Godtfred Kirk Christiansen zum geschäftsführenden Direktor ernannt.

Im Charterflugzeug wurden Presseleute nach Vandel, gute fünf Kilometer östlich von Billund, eingeflogen, einem ursprünglich von den Deutschen während der Besatzung angelegten Militärflugplatz, da Billund selbst damals noch keinen Flugplatz besaß. Den Höhepunkt der Feier bildete der Festmarsch durch den Ort. An der Spitze der Belegschaft marschierten Ole und Godtfred gleich hinter dem Spielmannszug Horsens Garde.

Schon ein Jahr danach, 1958, wurde der schräge Stein für Dachkonstruktionen erfunden und das endgültig ausgereifte Klötzchen zum Patent angemeldet. 1958 war ein wichtiges Jahr für die LEGO Firma. Die Klötzchen aus Billund hafteten nun so gut aufeinander, daß man die Cheopspyramide damit originalgetreu nachbauen konnte, ohne daß sie einstürzte. Im gleichen Jahr starb Ole Kirk, der Gründer des Unternehmens, im Alter von nur 67 Jahren.

Die reichen Sechziger brachen an. Die Beatles kamen und die Miniröcke. In den USA regierte ein strahlend-jungenhafter Präsident Kennedy. 1961 kreiste der russische Kosmonaut Juri Gagarin als erster Mensch einmal um die Erde. Die Amerikaner schickten John Glenn in den Weltraum nach. Die US-Astronauten Neil Armstrong und Edwin Aldrin landeten 1968 auf dem Mond. Die Stadt Kopenhagen feierte ihr 800jähriges Jubiläum und ließ ihren Gästen auf einem riesigen Frühstückstisch in der Stroget 100 000 Pfannkuchen, 80 000 Tassen Kaffee und 40 000 Tüten Milch servieren. Und Prinzessin Margrethe heiratete einen französischen Grafen.

In Amerika, Frankreich, Deutschland formierten sich Protestbewegungen der Jugend. Sie richteten sich gegen eine verkrustete, einseitig auf materielle Werte fixierte Gesellschaft, gegen den Vietnamkrieg und verlogene Konventionen. In Deutschland und Frankreich wurde die 68er Bewegung der Studenten zur politischen Kraft. Es kam zu Straßenschlachten gegen das Establishment. Terroristische Gruppen bekämpften den Staat, den sie nicht als den ihren akzeptieren wollten. Probleme, vor allem Fragen der Sexualität, wurden mit nie gekannter Offenheit diskutiert.

In Dänemark lief alles viel friedlicher ab. Dort blühten alternative Objekte auf, die allerdings weltweit Aufmerksamkeit erregten. Die freien Tvind-Schulen gehörten dazu sowie eine bunte und durchsetzungsfähige Frauenbewegung, Wohnkommunen und Kindergruppen.

Überall wurde schnell gutes Geld verdient und ebenso rasch wieder ausgegeben. Auch für Kinder. Sie rückten immer mehr in den Mittelpunkt der Aufmerksamkeit. Eine junge Elterngeneration wollte pädagogisch alles richtig machen, was ihre eigenen Eltern vermeintlich verkorkst hatten. Anpassung und Unterordnung waren nicht länger gefragt, sondern Entwicklung der Kreativität, kindliche Selbstverwirklichung. Und dazu bedurfte es intelligenten Spielzeugs.

Die zweite Generation:
Der Mann, der Mr. LEGO wurde

Eine Kultfigur der Sechziger war zweifellos Goldfinger. Der Bösewicht aus dem «James Bond»-Film, bei dem alles, was er anrührte, zu Gold wurde. Für die halbe Welt waren die aufregenden Sechziger wahre Goldfinger-Jahre. Auch für das Unternehmen, dem nun Godtfred Kirk Christiansen vorstand. Was auch immer in Billund damals angedacht, angefaßt, ausgebrütet wurde, es geriet zum geschäftlichen Erfolg. Unter Oles Sohn entwickelten sich die LEGO Produkte zu Selbstgängern. Das Wachstum war einfach nicht mehr zu bremsen. Ein Phänomen, das etwas mit den Zeitumständen, sicher aber auch mit GKCs Führungsstil zu tun hatte. Mit der Art und Weise, wie der leise, unauffällige kleine Mann mit der dicken Hornbrille das ständig wachsende Unternehmen leitete.

Wie sein Vater Ole hielt auch GKC mehr vom respektvollen Neben- und Miteinander als vom hierarchischen Oben-Unten. Und er beherrschte die Kunst, Eigenverantwortung unter den Mitarbeitern zu stärken, souverän. Jeder fühlte sich, durch sein Vorbild motiviert, für das Wohl der Firma verantwortlich. Helge Torpe, später Marketing-Direktor, beschrieb diesen Stil respektvoll so: «In sämtlichen Betrieben, in denen ich vorher arbeitete, waren Fehler streng verboten. Als ich kam, traf ich zum ersten Mal in meinem Leben einen Mann, der dazu eine ganz andere Einstellung hatte. Bei GKC hatte jeder ein Recht auf Irrtum. Er erwartete nur eines: daß man eine Lösung anbot, den Fehler wieder auszubügeln.» Ein anderer Veteran aus der Direktionsetage erinnerte sich: «Ich mußte Godtfred häufig große Pannen in der Firma beichten. Nie fragte er, wer es gewesen sei. Seine Reaktion war immer: Und wie kommen wir nun weiter?»

Genau bis zum 4. Februar 1960 stellte man in Billund auch weiterhin das schöne, kindgerechte, hochwertige Holzspielzeug her. Verkauft wurde es aber nur in Dänemark. An diesem Tag brannte es wieder einmal in Billund. Diesmal wurde die Holzwarenabteilung völlig zerstört. Daraufhin entschieden Godtfred und seine Manager, die Holzwarenproduktion gänzlich einzustellen. Das Ende der niedlichen Holzenten und knallroten Lastwagen, der Steckenpferde und Puppenwagen mit den per Schablone von Frauen aufgemalten Blümchenmustern war damit gekommen. Im Museum in Billund ist die altmodische Spielzeugidylle, sorgfältig katalogisiert, noch zu bestaunen.

Die Einstellung der Holzwarenproduktion veranlaßte Godtfreds ältere Brüder Karl Georg und Johannes, 1961 aus dem Familienverband auszusteigen und in der Folge andere Unternehmen zu gründen. GKC kaufte ihnen damals ihre Anteile ab, so daß seither seine Nachkommen alleinige LEGO Inhaber sind.

Von nun an konzentrierte man sich ganz auf die Herstellung und den Verkauf von LEGO System. In einer internen Besprechung sagte Godtfred damals: «Unsere Systemidee wird bis heute nur von einem kleinen Teil der Verbraucher überhaupt verstanden. Aber der Bedarf wird steigen. Je tüchtiger wir sind, um so schneller geht's voran.»

Die Bilanz des Unternehmens kletterte von Jahr zu Jahr steil nach oben. Die sechziger und der Anfang der siebziger Jahre waren eine einzige phantastische Erfolgsstory. Die Zeiten, als man unter LEGO Steinen ausschließlich Bauklötze verstand, waren längst vorbei. In den Kinderzimmern begannen die Moden schneller zu wechseln als in der Haute Couture. Die verwöhnten Kids der Wohlstandsjahre forderten immer spannenderes Spielzeug. Auch der Dauerbrenner Klötzchen mußte sich da anpassen und mithalten. Neue Ideen waren mithin überlebensnotwendig.

Zwischen 1960 und 1965 wuchs die Firma von 450 auf 600 Mitarbeiter an. Mit dem Erfolg veränderte sich das Gesicht des beschaulichen Dorfes auf der jütischen Heide. Die letzten Bauernhöfe verschwanden. Immer mehr Leute zogen nach Billund, um im LEGO Unternehmen Arbeit zu finden. Neue Baugrundstücke wurden erschlossen. Allmählich nahm der kleine Ort die Konturen eines Industriestandorts an.

Unter GKC hatten die Innovationen begonnen. Im Jahr 1958 hatte er in Billund das Verwaltungsgebäude der Firma, das sogenannte «Systemhaus», eingeweiht. Auch die Produktionsanlagen wurden zum wiederholten Mal vergrößert. Als Jugendlicher hatte sich Godtfred einmal schlimm an der Kreissäge in der väterlichen Werkstatt verletzt. Nun drängte er darauf, daß in allen seinen Fabriken mustergültige Arbeitssicherheit herrschte. Immer wieder lobte die dänische Gewerbeaufsicht das Unternehmen als vorbildlichen Betrieb.

Neue Produkte waren bis dahin im Hobbykeller von Godtfreds Privathaus von ihm und einigen wenigen kreativen Mitarbeitern ausgetüftelt worden. Doch bei dem rasanten Wachstum der Firma reichte das nicht mehr. Ein Produktentwicklungschef wurde einge-

LEGO Spieler auf der Weltausstellung in New York, 1964

stellt, eine eigene Entwicklungsabteilung gegründet. Sie wurde vorausblickend «LEGO Futura» getauft, und so heißt sie bis heute. 1959, im Jahr der Gründung, umfaßte sie ganze fünf Mitarbeiter. Heute, vierzig Jahre später, arbeiten hier über 300 Angestellte – die meisten davon in Dänemark, aber daneben sind kleinere Konzeptentwicklungsgruppen in Boston, Tokio, Mailand und London stationiert. Und bis heute ist LEGO Futura das kreative Herz der Firma. «Adgang forbudt» lautet das Schild am Eingang. Unbefugten und Neugierigen ist der Eintritt zu dieser Abteilung streng verboten. Man muß sich gedulden, bis die neuen Ideen, Modelle und Spielthemen auf den Markt kommen.

Ein Marketingchef wurde ebenfalls eingestellt und ein tüchtiger Jurist. Er kümmerte sich fortan um Patente, Warenzeichen, Währungsfragen, Verträge und hatte immer mehr zu tun. Die Abteilung LEGO Übersee wurde aufgemacht: Sie bearbeitete die überseeischen Märkte. 1961 wurden Vereinbarungen über Verkauf und Lizenzproduktion mit den USA und Kanada getroffen: Bald breiteten sich die anpassungsfähigen Steinchen auch in Japan, Australien sowie in vielen Ländern Afrikas und Asiens aus. 1964 besaß das Unternehmen, verteilt auf 47 Länder, bereits 62 Patente, 19 Gebrauchsmuster, 29 Design-Patente und 51 Warenzeicheneintragungen.

1961 wurde das LEGO Rad erfunden und genau ein Jahr später auf den Markt gebracht. Dieses Rad beglückt seither nicht nur unzählige Kinder, es wendet weltweit, wie man immer wieder internationalen Presse-Features entnehmen kann, das Schicksal unzähliger Kleintiere zum Besseren: zum Beispiel von Schildkröten und Goldhamstern, denen durch Attacken feindlich gesinnter Hunde oder Katzen ein Bein abhanden gekommen ist. In der LEGO Hauspostille liest sich das dann so: «Der 70jährige Schildkrötenmann Wheely hatte nach einer Keilerei mit einer Katze eine Extremität eingebüßt. Tierarzt John Parison verpaßte ihm daraufhin einfach ein paar Räder aus dem LEGO Kasten seines Sohnes. Jetzt läuft Wheely wieder wie geschmiert. Nur die Kurven fallen ihm schwer. Um sein Liebesleben – Wheely hat zwei feste Schildkrötendamen – macht sich der Doc allerdings Sorgen.»

Weil das Netz der LEGO Töchter immer dichter wurde, mußten GKC und seine Manager immer häufiger auf Reisen gehen. Mit Auto und Zug gestaltete sich dies ziemlich mühsam, weshalb das Unternehmen 1961 zusammen mit Danfoss Aviation ein kleines Propellerflugzeug kaufte. Es bot gerade Platz für vier Passagiere und startete bzw. landete auf einer Billunder Wiese, die für den Piloten durch große rote, gelbe und blaue LEGO Steine gekennzeichnet war. Der Flieger schaffte nur kleine Entfernungen. Landelichter

GKC (rechts im Vordergrund) und seine Frau Edith (links neben ihm) bei der Einweihung des LEGO Flughafens, 1962

gab es nicht, so daß bei Anbruch der Dunkelheit Mitarbeiter der Firma mit ihren Autos anrücken und die Scheinwerfer in die richtige Position bringen mußten, damit die Bosse sicher nach Hause kamen.

1962 holten hauseigene LEGO Piloten das erste Flugzeug aus den USA. Im gleichen Jahr wurde der firmeneigene Flugplatz in Billund, nun mit Rollbahn und Landelicht, eingeweiht. Doch der Unterhalt war sehr aufwendig, und so schlug die Firma den drei benachbarten Städten Veilje, Fredericia und Kolding vor, ihnen den Platz kostenlos zu überlassen, unter der Voraussetzung, daß sie aus der Billunder Wiese einen öffentlichen Flugplatz machten und dafür die Kosten übernahmen.

Die Einweihung des Flughafens Billund 1964 – heute Dänemarks zweitgrößter nach Kopenhagen – war für die ganze Umgebung von Billund ein Volksfest. Im November 1964 begann die SAS mit regelmäßigen Linienflügen nach Kopenhagen. Heute ist Billund auch ein großer Frachtlufthafen. Von hier, mitten in Jütland, starten und landen jährlich über eine Million Menschen. Neben Charterflügen für Urlauber werden täglich Direktflüge von und nach Kopenha-

GKC (zweiter von rechts) und seine Frau Edith bei der Einweihung des LEGO Flughafens, 1962

gen, Belgien, Deutschland, Frankreich, Großbritannien, Holland, Norwegen, Schweden und der Schweiz angeboten.

Unter dem Schweizer Chemie-Ingenieur Hans Schiess wurde Anfang der Sechziger in Billund ein neuer, stabilerer Kunststoff verwendet: Er hieß ABS und ersetzte das bisher verwendete Celluloseazetat. In der Folge wurden die Steine stabiler, ihre Spannkraft größer, die Farben frischer. 1963 stellte man die gesamte Produktion um und goß die Klötzchen nur noch aus dem neuen Kunststoff. Angesichts der vielgepriesenen Haltbarkeit des LEGO Urgesteins stellt sich zwangsläufig die Frage der Entsorgung. Darauf weiß Firmensprecher Peter Ambeck-Madsen allerdings einen guten Rat: «Man spielt immer weiter damit!»

Das LEGO Sortiment umfaßte Mitte der Sechziger bereits 50 Kästen, 15 Autos sowie diverse Klein- und Ersatzteile. (siehe Farbbildteil) Im gleichen Jahr erschloß man sich einen neuen Markt: pädagogisch ausgefeiltes Spielzeug für Kindergärten. Die ersten Produkte hießen Therapie I, Therapie II, Therapie III und wurden von den Erzieherinnen bei Kleinkindern eingesetzt, die zum Beispiel Konzentrationsstörungen aufwiesen. Aber die Innovationen machten dabei nicht halt. 1964 kamen die ersten Schachteln mit Bauanleitungen auf den Markt und wurden ein Riesenerfolg. Im Jahr 1966 folgte das erste Zugprogramm mit dem 4,5-Volt-Motor, Schienen und allem Drum und Dran.

Im Jahr 1969 brachte man schließlich den «Großen Baustein für kleine Hände» international auf den Markt: Achtmal so groß, also doppelt so lang, breit und hoch wie die ursprünglichen LEGO Steine, erschloß der DUPLO Stein dem Unternehmen nun auch den Markt der Zwei- bis Sechsjährigen.

Als besonders genialer Wurf dieser Produktreihe erwies sich später der weltweit erste Schraubendreher für Babys. Immerhin haben schon die Kleinsten einen unwiderstehlichen und oft gefährlichen Drang zu Vaters Werkzeugkasten. Diesem Verlangen kam die LEGO Firma entgegen, indem sie zwei- bis sechsjährigen Minihandwerkern im DUPLO Toolo Programm 1992 ein angemessenes Werkzeug bescherte.

Zum ersten Mal in der Geschichte der Spielzeugindustrie erhielten Eltern außer dem üblichen Hämmerchen ein richtiges Werkzeug für die Allerkleinsten angeboten. Der Babyschraubendreher funktioniert genauso wie Vaters Schraubendreher aus dem Baumarkt und hört sich auch so an. Eine integrierte Ratsche verhindert das Überdrehen der Schraubelemente durch winzige, noch ungeschickte Hände. Das Drehelement des Kunststoffgewindes wird rechtzeitig aufgelöst. Gegen das Ausschrauben ist eine Sperre eingebaut. Flurschaden können zweijährige Heimwerker mit dem Werkzeug nicht mehr anrichten. Dafür sind sie stundenlang beschäftigt. Millionen Väter und Mütter kaufen den Schraubendreher seither begeistert.

Bereits Anfang der achtziger Jahre hatte sich abgezeichnet, daß der Markt für Babyspielzeug große Chancen bieten würde. US-Zeitungen prophezeiten einen Babyboom. Das LEGO Unternehmen schickte ungefähr zur selben Zeit zwei Firmenvertreter, enge Mitarbeiter von GKC, nach London, um zu sondieren, welche Produkte der Markt für Babyspielzeug schon aufzuweisen hatte. Die Produktentwickler aus Billund sahen sich überall um: Sie entdeckten Verlegenheitslösungen, mitunter auch unsinniges oder für Babys sogar gefährliches Spielzeug. Zum Abschluß ihrer Erkundungsreise machten die beiden einen Abstecher ins Britische Museum, wo sie die aus Pharaonengräbern stammenden, ältesten Rasseln der Welt bestaunten. Es heißt, daß diese antiken Rasseln bei der Entwicklung der späteren DUPLO Rasseln Modell gestanden hätten. Auf dem Rückflug jedenfalls faßten die Männer aus Billund den Entschluß: Wenn schon Babyspielzeug, dann solches, das man mit den bereits vorhandenen DUPLO Elementen zusammenbauen konnte. Denn sie waren überzeugt: «Wenn die Babys mit der Lutscherei fertig sind und zu vernünftigeren Dingen imstande sind, wächst das Spielzeug mit dem Kind.» Ein Konzept, das langfristig aufging: Design, Farben, vor allem aber die Idee, schon Babys mit DUPLO Elementen auszustatten, kommt bei Müttern auf der ganzen Welt seither hervorragend an.

Von nun an besuchten die Spielzeugmacher aus Billund sämtliche großen, internationalen Spielzeugmessen, natürlich auch die größte der Welt in Nürnberg. Ihre Messestände, nach den neuesten Raffinessen der Werbepsychologie gestaltet, gehören mittlerweile überall zu den Hauptattraktionen. Denn auch das hatte man seit jenem ersten treuherzigen Werbespot in Billund begriffen: Nicht nur Qualität, auch Aufmachung und Verpackung entscheiden über den Erfolg eines Produkts. Was Werbung und Promotion betraf, war die Firma von Anfang an allen weit voraus. Immer wieder kam es vor, daß Konkurrenten die Ideen aus Billund imitierten.

Schon auf der Weltausstellung in New York im Jahr 1964 wurden die Steinchen der Weltöffentlichkeit als «typisch dänisches Produkt» präsentiert. Im dänischen Pavillon noppte jung und alt aus vielen Nationen in trauter Gemeinsamkeit. Weihnachten 1967 er-

Anzeige des Kaufhauses Macy mit LEGO Zug in der New York Times, Weihnachten 1967

schien in der «New York Times» eine ganzseitige Anzeige des weltberühmten Kaufhauses Macy: Ein LEGO Zug führte einen traditionellen US-Weihnachtsumzug an. (siehe oben) Macy stellte ihn als Topstar des Jahres vor. New Yorker Eltern stürmten daraufhin Macys Spielwarenabteilung, um ihren Kindern die Klötzchen aus Dänemark unter den Weihnachtsbaum zu legen.

Trotz ständiger Expansion funktionierte das Unternehmen in Billund lange noch beinahe wie ein altväterlicher Handwerksbetrieb. Seine harte Jugend hatte Godtfred geprägt, deshalb leitete er die Firma nach wie vor wie ein sparsamer Hausvater. So mußte etwa noch im Jahr 1973 jede Ausgabe oder Anschaffung, die 800

Dänische Kronen überstieg (ca. 200 Mark), von ihm persönlich genehmigt werden. Geld, sagte er, interessiere ihn nicht: «Es ist nur Mittel zum Zweck, daß etwas Gutes in Gang kommt und gelingt.» Der frühere Fabrikdirektor Søren Olsen bemerkt dazu über die Gepflogenheiten in Billund Anfang der sechziger Jahre: «Montags sprachen wir alle darüber, was wir bis Freitag zu schaffen hatten – na, und das schafften wir dann auch.»

Allerdings war dieser übersichtliche Planungsablauf immer schwerer durchzuhalten. Die Vielfalt an neuen Artikeln stellte immer größere Anforderungen an die Produktionsplanung und verlangte über kurz oder lang neue Strukturen.

Um die Fülle der Ideen durchzusetzen, wurden zudem neue Spritzgußwerkzeuge entwickelt. Und wieder einmal wurden die Produktionsräume zu eng, so daß das Fabrikgelände erweitert werden mußte. Mitte der sechziger Jahre wies die Firma in Billund über 10 000 Quadratmeter als Industriefläche unter Dach auf, Dutzende von Spritzgußmaschinen standen in den Fabrikhallen.

Ende der sechziger Jahre begann mit der Einführung der LEGO Eisenbahn auch eine neue Erfolgsperiode. 1968 erhielt Billund zum ersten Mal königlichen Besuch. Frederik IX. von Dänemark testete das erste Elektronikspielzeug, einen Zug, der per Schaffnerpfeife dirigiert wurde. Pfiff der König einmal, setzte sich die kleine Eisenbahn in Bewegung. Zweimaliges Pfeifen stoppte den Zug. Langsames Pfeifen ließ ihn rückwärts laufen. Seine Majestät, übrigens auch ein typisch dänischer passionierter Pfeifenraucher, amüsierte sich geradezu königlich.

1968 wurde in Billund der LEGOLAND Familienpark eröffnet. Eigentlich schwebte GKC zunächst nur ein Ausstellungsareal für große LEGO Modelle im Ausmaß eines Fußballfeldes vor. Doch dann ging es auch mit diesem Projekt wie mit dem süßen Brei im gleichnamigen Märchen der Gebrüder Grimm: Es wuchs und wurde größer und größer. Und schließlich entwickelte es sich zu einem Millionen-Projekt, dessen Ertrag alle Erwartungen übertraf.

König Frederik IX. erprobt mit Schaffnerpfeife den LEGO Zug, 1968

Allein 625 000 Gäste besuchten LEGOLAND Billund im ersten Jahr seines Bestehens.

1970 hatte LEGO A/S in Billund 970 Mitarbeiter und 30 000 Quadratmeter Industriefläche. Zehn Jahre später waren es bereits 2 350 Mitarbeiter und 100 000 Quadratmeter bebaute Fläche.

1972 starb König Frederik IX., seine Tochter bestieg als Margrethe II. den Thron. In Deutschland wurde nach amerikanischem Vorbild der erste Lehrstuhl für Marketing – ein Instrument, dessen sich progressive Firmen fortan bei jeder Produkteinführung zu bedienen wußten – eingerichtet. In Billund erkannte man die Bedeutung dieser neuen Wissenschaft früh und nutzte ihr Instrumentarium auf das sorgfältigste.

Lange wurde der ständig wachsende Konzern in Billund nach der Devise «Wenige Häuptlinge und viele Indianer» geführt. Außer einem Dutzend Bossen, den Entscheidungsträgern, gab es viele

Werkmeister und Vorarbeiter, die ihrerseits eigenverantwortlich immer im direkten Kontakt mit den Vorgesetzten handelten. Nun wurde eine mittlere Managementebene aufgebaut, um das Topmanagement von der täglichen Kleinarbeit zu entlasten.

Im Jahr 1975 brachen die Märkte dann weltweit ein. Das wirtschaftliche Tempo stockte. Die Geburtenraten stagnierten – und mit ihnen der Spielzeugverkauf. Zum ersten Mal waren in Billund wieder Arbeitsplätze gefährdet.

Das Klötzchen-Sortiment hatte in dieser Zeit fast unübersehbare Ausmaße angenommen. Verbraucher und Spielzeughandel waren dadurch oft überfordert. Es galt deshalb, Ordnung in das Chaos zu bringen. Ein System im System mußte her, eine Ordnung, die dem Verbraucher helfen sollte, das richtige Spielzeug für das richtige Alter und den richtigen Zweck zu finden.

Der Enkel tritt sein Erbe an:
Die Ära Kjeld Kirk Kristiansen

Wir sind in der Geschichte der LEGO Gruppe an dem Punkt angelangt, an dem die dritte Generation der Gründerfamilie in die Firma eintritt: Oles Enkel Kjeld Kirk Kristiansen, der bei seiner Geburt von einem Beamten versehentlich statt als «Christiansen» als «Kristiansen» ins Standesamtregister eingetragen wurde. Da man es dabei bewenden ließ, unterscheidet ihn das «K» seines Namens seither vom Großvater und Vater ebenso wie von geschätzten 200 000 Christiansens in Dänemark.

Auch die dritte Generation hat die genialen Tüftler-Gene geerbt, welche die LEGO Gruppe groß gemacht haben. Kjeld war von Kindesbeinen an mit den Bausteinen vertraut und kennt das System in- und auswendig. Bereits als kleiner Junge verstand er es hervorragend, phantasievolle Modelle zu bauen. Nicht selten erhielt er die

Rolle eines Testspielers für neuentwickelte Produkte zugeteilt. Sein Foto prangt auf vielen alten LEGO Verpackungen. Lange hatte er sogar seinen eigenen Arbeitsplatz in der LEGO Futura Abteilung, wo er mit Steinchen experimentierte und wie die anderen Modelle baute. Mitarbeiter erinnern sich z. B. noch an einen roten Sportwagen mit funktionstüchtiger Lenkung, Türen und Kofferraum zum Öffnen sowie beweglichen Schalthebeln. (siehe Farbbildteil) Kjeld Kirk Kristiansen selbst erinnert sich noch nach Jahren an Einzelheiten von Projekten, die in weit zurückliegender Zeit entwickelt wurden. Immer wieder beeindruckte er seine Umgebung mit diesem phänomenalen Gedächtnis für Ideen.

> «Ich bin ein Freund der Legoschachtel, ein Purist, und mir gefallen die wachsenden Stapel mit Spezialschachteln nicht. Als ich Kind war, gab es eine Garage mit Kipptor, das war's an Diversifikationen. Manchmal habe ich das Gefühl, das Überhandnehmen an Mutationen zieht eine Verunreinigung des freien und reinen Achtknopfsteines nach sich. Dann aber wieder sehe ich, was Kinder aus einer Handvoll LEGO Steinen alles bauen können, ob es nun einfache rote Steine oder sonderbare transparente Schwenkscharniere sind, und bescheide mich mit meinem Gefühl als einer Sentimentalität.»
>
> (Peter Glaser «Legolize it – Don't criticize it»)

Trotzdem riet Vater Godtfred seinem einzigen Sohn etliche Male davon ab, auch in das Unternehmen einzutreten. «Ich hätte ihm gegönnt, sich etwas Eigenes, Schöpferisches, seine eigene Firma aufzubauen», schilderte er seine Beweggründe. Ihm falle die Übergabe an seinen Sohn schwerer als an einen Fremden: «Weil Verstand und Gefühl bei der Beurteilung der Leistung dann leicht durcheinandergeraten.» Doch Kjeld Kirk Kristiansen wollte die Herausforderung unbedingt annehmen.

Seine Ausbildung war denn auch sorgfältig geplant. Ursprünglich schwebte Kjeld eine Ingenieurslaufbahn vor. Er besuchte auch kurz die Technische Hochschule in Kopenhagen, entdeckte aber bald, daß er für das Ingenieurswesen nicht geschaffen war. So ging er nach Deutschland, wo er als Volontär bei LEGO GmbH in Hohenwestedt erste praktische Erfahrungen im Vertrieb sammelte. Anschließend machte er sein Diplom in Betriebswirtschaft an der Wirtschaftsuniversität Aarhus. Die letzte Politur bekam der Firmenerbe an der Management-Schule IMD (International Institute for Management Development) in Lausanne verpaßt, einer der weltweit führenden Kaderschmieden für Spitzenmanager. Später arbeitete er in der Schweiz bei der Planung und Verwaltung der neuen LEGO Fabrikorganisation und der Werkzeugherstellung in Baar, Kanton Zug, mit. Zwischendurch hielt er sich auch immer wieder in den USA auf und plante dort den 1973 begonnenen Aufbau des US-Vertriebs.

Insgesamt lebte der Erbe fünfeinhalb Jahre in der Schweiz mit gelegentlichen kurzen Aufenthalten in den USA. Nach zwei genialen Handwerkern und kaufmännischen Autodidakten ist er der erste Sproß der Unternehmerfamilie mit einer akademischen Ausbildung.

Während dieser ganzen Zeit bestand Vater Godtfred darauf, daß sich der junge Mann eine Woche im Monat in Billund aufhielt, um nicht den Kontakt zu seinen Wurzeln zu verlieren. Eine strapazenreiche, aber letztlich überaus weise Maßnahme. Denn als der Junior 1977 in die Direktion von LEGO System A / S und INTERLEGO A / S (heute LEGO A / S) eintrat, kannte er nicht nur fast jeden Mitarbeiter im Betrieb, sondern war auch mit deren Problemen vertraut.

1979 wurde Kjeld Kirk Präsident und Generaldirektor von LEGO A / S. Vater Godtfred rückte zum «Chairman of the Board» von INTERLEGO A / S (heute LEGO A / S) auf und bekleidete diese Position bis 1993, zwei Jahre vor seinem Tod.

Kjeld Kirk Kristiansen betrieb seit Ende der siebziger Jahre nachdrücklich die Aufteilung des unübersichtlichen Sortiments in selbständige Produktprogramme und Produktlinien. Dank dieser klugen Maßnahme kann der Verbraucher mittlerweile mühelos das richtige Spielzeug für das jeweilige Alter eines Kindes finden. Er wählt dazu drei große Produktprogramme aus:

○ LEGO DUPLO:
das Kombinationsspielzeug für Kleinkinder

○ LEGO Konstruktionsspielzeug:
Dazu gehören die Universalkästen 3+ und 6+, FABULAND, LEGOLAND, Stadt, Burg, Weltraum, Eisenbahnen, Puppenhäuser sowie das LEGO TECHNIC Programm

○ XYZ – das dritte LEGO Segment:
Es umfaßt alle anderen Qualitätsspielzeuge der LEGO Gruppe.

Im Jahr 1974 marschierten schließlich die ersten LEGO Figuren auf. Vorangegangen waren wie üblich eine aufwendige Marktforschung und gründliche Verbrauchertests. Die Köpfe der Männchen wurden von Jungen und Mädchen, von Vätern und Müttern getestet. Farben und Gesichtsausdruck, auch wenn es sich nur um kindlich strukturierte Mondgesichter mit den Konturen Punkt, Punkt, Komma, Strich handelte, mußten ansprechend wirken. Sie hatten sich an dem zu orientieren, was Wissenschaftler als «Kindchenschema» bezeichnen.

Mit ähnlicher Sorgfalt wurde den Figuren ein angemessenes Outfit verpaßt. Kinder erhielten damit eine völlig neue Möglichkeit des Rollenspiels. Die Familienschachtel 200 mit Vater, Mutter, drei Kindern bescherte den Billundern einen spektakulären Verkaufserfolg. Jungen und Mädchen liebten die LEGO Familie gleichermaßen und spielten begeistert damit. 1978 wurde sie durch die LEGOLAND Mini-Figuren ergänzt, welche zusammen mit Bau- und

Haupteingang des LEGO Verwaltungsgebäudes in Billund, 1972 eingeweiht

Straßenplatten eingeführt wurden. Nun konnte eine ganze Stadt gebaut und mit Menschen belebt werden.

Im Jahr 1979 brach in Billund dann das Raumfahrtzeitalter an. Die LEGOLAND Space Linie trat mit den ersten Raumschiffen in Erscheinung. Daneben konzipierte Kjeld mit seinem Team das Thema Ritter und Burg sowie seit 1980 LEGO DACTA. Um die Mitte der neunziger Jahre wurde das Sortiment auf Unterwasserwelten und Westernstädte ausgeweitet, und für ältere Kinder entstand bereits 1977 die LEGO TECHNIC Serie. Mit der «Expertenserie», die schon 1975 auf den Markt kam, können zum Beispiel Oldtimer gebaut werden. Das LEGO TECHNIC Programm ließ die Herzen von großen und kleinen Technikfans höher schlagen. Realistische Modelle mit zahlreichen Funktionen führen den Kindern vor Augen, wie Technik auch in Wirklichkeit funktioniert. In

Deutschland wurde das neue Programm mit dem Slogan «Für Männer ab 9» propagiert – eine Werbezeile, die sich als ungeeignet für das Zielpublikum erwies und wenig später zurückgezogen wurde.

In diese Zeit fällt auch einer der seltenen Flops: die SCALA Bijouterie, konzipiert 1979 für kleine Mädchen von fünf bis sieben Jahren. Sie bestand aus Dekoelementen, aus denen die kleinen Damen Halsketten, Ringe und Armbänder zusammenfügen konnten. 1979 kamen die Schmuckelemente auf den Markt, waren aber kein großer Erfolg. Die Bijouterie verschwand 1981 wieder aus den Regalen. Ganz anders die FABULAND Linie, die sich zehn Jahre auf dem Markt behaupten konnte. Hier gab es lustige Tierfiguren mit witzigen Namen und dazu «Drehbücher» mit Geschichten, die Kinder zum Weiterfabulieren anregten, zugleich aber auch eine Bauanleitung darstellten. Mittlerweile lief die gesamte Produktion in Billund fast vollautomatisch.

Der Erfolg von LEGO Raumfahrt übertraf alle Erwartungen. Überall auf der Welt bauten und bauen Kinder nun Raumschiffe mit Noppen-Outfit und lassen sie, bestückt mit winzigen Astronauten, in ihrer Phantasie starten. Für Kindergärten und Schulen wurde 1982 unter Assistenz von Pädagogen und Psychologen besonderes Lernspielzeug entwickelt: DUPLO Mosaik und Technik I.

Auf der Suche nach neuen, effektiven, gleichzeitig aber auch nicht allzu kostenintensiven PR-Ideen wurden die unermüdlichen Werbemenschen in Billund 1980 wieder einmal fündig. Damals startete der erste weltweite Wettbewerb für den Bau des höchsten aus Kunststoffsteinchen erbauten Turms. Englische Kids schafften es tatsächlich, ein 13,1 Meter hohes Gebilde zu stecken, und bekamen dafür den begehrten, außerordentlich werbewirksamen Eintrag ins Guinness-Buch der Rekorde. (siehe Abb. S. 79) Seither jagt ein Turmbaurekord den anderen. Der derzeitige Weltrekord von 24,66 Metern Höhe wird seit Sommer 1998 von kleinen Baumeistern in Moskau gehalten.

In den achtziger Jahren wendet sich die Firma weltweit auch den Babys zu. Die DUPLO Baby Linie (1983) bietet sechs vorbildlich geformte Rasseln an. Dazu gibt es für die Kästen neue, größere DUPLO Figuren mit beweglichen Armen und Beinen. Später, 1992, sollten in diesem Produktprogramm TOOLO Kästen für kleine Handwerker von drei bis sechs Jahren folgen. Mit dem genialen TOOLO Schraubenzieher können die Knirpse stabile Autos, Kräne und andere Dinge konstruieren. Dem Trend der Zeit entsprechend, gibt es nun auch ein erweitertes Burg-Programm mit Pferden, Rittern und Burgfräulein. Dazu ist u. a. noch ein Hafen für die Stadt gekommen: Kästen mit Anlegekais und Umschlagsanlagen, Hafenpolizei und Schmugglern.

1985 standen weltweit 5 000 Menschen auf der LEGO Gehaltsliste, 3 000 in der dänischen Zentrale. In diesem Jahr wurde auch der LEGO Preis «Ygdrasil» gestiftet, eine zunächst mit 750 000, später mit 1 Million Dänenkronen dotierte internationale Auszeichnung. Sie wird jeweils im November als Anerkennung und Ermutigung für außergewöhnliche Leistungen zum Wohle der Kinder verliehen. Der 16. April 1986, der Geburtstag der dänischen Königin, wurde für die LEGO Gruppe selbst ein Jubeltag, kann sich doch die Firma von diesem Tag an mit dem Prädikat «Königlicher Hoflieferant» schmücken.

Was die Spielzeugentwicklung anlangt, so geht es immer futuristischer zu. Die ersten digitalen Spielzeuge treten neben die wohlbekannten Steine: «LEGO TECHNIC Computer Control» mit dem «LEGO Roboter» und andere Modelle, die per Computer auf verschiedenen Systemen gesteuert werden können, wurden in der Abteilung LEGO Futura serienreif entwickelt. Sie werden in Dänemark und Großbritannien als Lernspielzeuge für schulische Zwecke vertrieben. Darüber hinaus wird LEGO Publishing (später LEGO Licensing) gegründet: Neun Bücher und 19 TV-Filme erscheinen in mehreren europäischen Ländern.

Für Fernseh- und Showmüde konzipieren die Billunder die

LEGO Turm im Guinness-Buch der Rekorde aus dem Jahr 1981

nostalgische Manege unter dem Zirkuszelt: 1988 kommt Circus als DUPLO Neuheit auf den Markt, es folgt der Zoo mit Giraffen, Krokodilen, Eisbären und anderen exotischen Tieren. In der LEGOLAND Linie wird die Burg nun auch von Robin Hood und Gefährten umlagert. «Alles klar», wird vom neuen Black Space Palace in der Raumfahrt gemeldet. Und schon entern die Piraten Kinderzimmer und Weltmarkt. Die Piraten werden zum größten LEGO Erfolg überhaupt: 11 Kästen mit Schiffen und Seeräubern garantieren phantasievolle Rollenspiele zwischen Gut und Böse.

In den Achtzigern erobert der Computer weltweit Werkstätten und Büros. Rationalisierungen sind an der Tagesordnung, Arbeitsplätze werden knapp. In Osteuropa brechen die kommunistischen Regime zusammen. Binnen nur zwei Jahren stürzen von der Wolga bis zur Elbe die Denkmäler. Im Warschauer Kongreßsaal legen 1 600 Kommunisten vier Schweigeminuten ein, während die rote Fahne hinausgetragen wird – zum Zeichen der endgültigen Auflösung ihrer Partei. Ost- und Westdeutschland sind wiedervereinigt.

Für die LEGO Gruppe wie für alle Wirtschaftsunternehmen bedeuten die Umwälzungen in Europa Ende der achtziger Jahre aufregend neue, aber auch äußerst schwierige Märkte. Die rührigen Dänen schafften es als erstes ausländisches Unternehmen schon zur Jahreswende 1988 / 89, einen Fuß in die Tür des legendären Warenhauses GUM am Roten Platz in Moskau zu bekommen. Und seit 1990 gibt es dort einen 43 Quadratmeter großen LEGO Shop. Heute ist das GUM, das früher überhaupt kein Spielzeug verkaufte, der bedeutendste Klötzchen-Stützpunkt in den GUS-Ländern. Zum 100. Geburtstag des Kaufhauses gelang den LEGO Werbern ein besonderer Coup. Der Aufwand dafür bestand lediglich in ein paar Zentnern Kunststoff-Klötzchen – einer halben Million Bausteinen, um genau zu sein –, der Effekt jedoch war fulminant. Tausende Moskauer Kinder durften mitten auf dem Roten Platz auf einer 100 Quadratmeter großen Fläche ein 3,5 mal 2,5 Meter großes Modell des Traditionshauses GUM zusammenstecken.

In den Neunzigern taucht der Name der LEGO Gruppe zum ersten Mal als einziges europäisches Unternehmen im Klub der zehn weltgrößten Spielzeughersteller auf. Die anderen neun Firmen sind in Japan und in den USA beheimatet.

In der Entwicklungsabteilung LEGO Futura, wo man bereits seit 1984 mit dem international angesehenen Mathematiker Seymour Papert und seinem Entwicklungslabor für EDV-Pädagogik zusammenarbeitet, bricht im Jahr 1998 das digitale Zeitalter an. Am Institut in Boston, Massachusetts, gelingt es den Wissenschaftlern in enger Kooperation mit den Billundern, die von Papert speziell für Kinder entwickelte Programmiersprache LOGO mit den Steinchen zu verknüpfen.

In Billund findet unterdessen das erste offizielle LEGO Finale statt. An ihm nehmen 38 Kinder aus 14 Ländern mit ihren phantasievollen Kreationen teil. Seither wiederholt sich der Klötzchen-Wettbewerb alle vier Jahre. An der Vorentscheidung zum 3. LEGO World Cup Finale Ende der siebziger Jahre beteiligen sich weltweit nicht weniger als 600 000 Kinder. Dreiundfünfzig davon werden nach Billund eingeladen. Sie stammen aus 22 verschiedenen Ländern und bauen geradezu umwerfende Dinge.

Auch das Dorf Billund wächst mit der LEGO Gruppe zusehends über seine Grenzen hinaus und nimmt beinahe urbane Dimensionen an. 1990 wird auf einer Grundfläche von 4 200 Quadratmetern das «Haus der LEGO Idee» eingeweiht. Das neue Gebäude dient ausschließlich dem Zweck, Geschichte, Produktion, Idee und Philosophie sowie Grundhaltungen, Wertmaßstäbe und Kultur der Firma an die Mitarbeiter zu vermitteln. Hier wird nicht nur die Geschichte der Firmenleitung dokumentiert, sondern auch die «Geschichte von unten». Die Historie der kleinen Leute nämlich, der Packer, Kunststoffgießer, Kantinenhilfen und Designer. Alle Mitarbeiter werden aufgerufen, Fotos und andere Dokumente aus ihrem Arbeitsalltag abzuliefern. Sämtliche Eingänge sind EDV-erfaßt, was über den unmittelbaren Zweck der historischen Dokumentation hinaus auch der Rechtsabteilung dient: Immer wieder suchen und finden ihre Mitarbeiter hier, wenn es zum Beispiel um Patentschutz geht, wichtiges, lückenloses Beweismaterial. Eine Ausstellung im Haus der LEGO Idee gehört ebenfalls ins übliche Sightseeing-Programm des Hauses: die Sammlung «Plagiate und Konkurrenzprodukte». Sie zeigt die jeweils neuesten Kopien weltweiter Nachahmer sowie Artikel der Konkurrenten. Die Exponate werden laufend auf den neuesten Stand gebracht. LEGOisten wird auf diese Weise

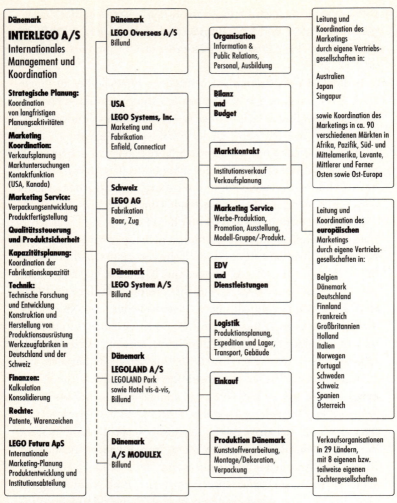

Der funktionelle Aufbau der LEGO Gruppe 1982

jederzeit ein aktuelles Bild der Konkurrenz vermittelt. Denn die schläft ja bekanntlich nie.

In LEGOLAND Billund wird schließlich Anfang der neunziger Jahre eine magische Zahl überschritten. Zum ersten Mal besuchen eine Million Menschen den Minikosmos. Der kommerzielle Erfolg des Freizeitparks hat die Konzernspitze hellhörig gemacht. Man beschließt, mit pädagogisch anspruchsvolleren Inhalten weitere Parks zu gründen. Auf der Suche nach interessanten Standorten werden die Kundschafter in England fündig. Im Frühjahr 1996 öffnet LEGOLAND Windsor, 30 Kilometer westlich von London, seine Tore. In der Folge konzentriert sich die LEGO Gruppe verstärkt auf das USA-Geschäft. Schon im Juli desselben Jahres wird ein riesiges Distributions-Center mit Verwaltung in Enfield, USA, eingeweiht.

Am 13. Juli 1995 flaggt ganz Billund halbmast. Ein Stück LEGO Geschichte geht zu Ende: Godtfred Kirk Christiansen, für die Welt Mister LEGO, Sohn des Firmengründers, langjähriger Präsident, Aufsichtsratsvorsitzender der LEGO Gruppe, ist wenige Tage nach seinem 75jährigen Geburtstag in seinem Haus im Kreis der Familie sanft entschlafen. Der kleine bescheidene Mann, der, nach seiner wichtigsten Führungseigenschaft befragt, einmal mit drei schlichten Worten geantwortet hatte: «Ich kann zuhören», verstand es stets, die richtigen Mitarbeiter um sich zu scharen und ihnen Verantwortung zu überlassen. Seine herausragende Erfindungsgabe war dem Betrieb ebenso zugute gekommen wie sein ausgeprägter jütländischer Kaufmannsgeist.

Er sah es mit Stolz, daß er seinem Sohn ein solides expandierendes Unternehmen übergeben konnte. Gern erzählte er, wie er einmal den Aufsichtsrat seiner Bank in Velje gefragt hatte: «Wie viele Unternehmen kennt ihr, die in der zweiten Generation reibungslos laufen?» Sie nannten zwei oder drei. Auf seine Frage: «Kennt jemand einen Dritte-Generation-Betrieb, der seine Sache gut macht?», erhielt er nur einen einzigen Namen – den seiner eigenen Firma.

Doch Vater und Sohn waren beileibe nicht immer einer Meinung. GKC warnte oftmals vor einer allzu schnellen Expansion: «Wir sollten nicht die Größten werden, sondern die Besten bleiben!» pflegte er dabei zu sagen. Immer wieder befürchtete er auch, der Sohn und seine Führungsmannschaft von routinierten Managern könnten die Bodenhaftung verlieren. So sehr beschäftigte ihn dieser Gedanke, daß er anläßlich der Jahresversammlung 1990 darauf bestand, folgenden Satz ins Sitzungsprotokoll aufzunehmen: «Man soll bei allem Erfolg nicht zu hochärsig werden.»

Nach seinem Tod sammelten seine Mitarbeiter fast 120 000 DKK (etwa 40 000 Mark) und überreichten dieses Geld den Hinterbliebenen für ein Gedenkgeschenk. Die Familie gab daraufhin bei der dänischen Malerin Ann Holstein ein Porträt in Auftrag. Das farbenfrohe Acryl-Gemälde hängt heute in der Empfangshalle der LEGO System A/S. Und alle, die GKC kannten, finden es herzerwärmend. Genau so wie das Bild ihn zeigt, so war er. Denn GKC sitzt nicht etwa nach Firmengründer-Manier steif und mit zugeknöpfter Weste hinter einem riesigen, repräsentativen Schreibtisch. Wie ein fröhliches LEGO Männchen hockt er, verschmitzt lächelnd, in der Hand die unvermeidliche Zigarre, mitten in seinem bunten LEGO Land. (siehe Farbbildteil)

In den Jahren 1995/96 stößt die LEGO Gruppe an eine Wachstumsgrenze. Die Verbreitung von Computerspielzeug ist nicht mehr einzudämmen. Kleine und große Baumeister üben Modellveränderungen in Zukunft lieber auf dem entsprechenden PC-Programm als mit bunten Steinchen. Drohen Gameboy & Co die Klötzchen aus den Kinderzimmern zu verdrängen?

Zwar kommen die lustigen und lehrreichen LEGO PRIMO Produkte für Kleinstkinder von sechs bis 24 Monaten noch sehr gut an, und auch das LEGO SYSTEM «Aquazone», die Unterwasserwelt mit Aquanauten, Aquasharks, Kristallen und Kraken, findet Käufer. Doch die Erfolge täuschen nicht darüber hinweg, daß nach Jahrzehnten zweistelliger Zuwachsraten, vor allem in Deutschland, und satten Gewinnen im Jahr 1995 erstmals in der fast 65jährigen Firmengeschichte die Umsätze schrumpfen. Der Gewinn halbierte sich, der Umsatz sank um 8,6 Prozent, in der BRD, der ältesten Auslandstochter, stagnierte er. Allerdings weisen die Märkte in Osteuropa, Nordamerika und Asien dafür immer noch Umsatzsteigerungen bis zu 15 Prozent auf.

In Zeiten globaler Konkurrenz aber ist Stagnation tödlich, kein Unternehmen hat das klarer erkannt als die LEGO Gruppe. Kjeld Kirk Kristiansen hat dem Betrieb für die kommenden zehn Jahre ein strenges Spar- und gewaltiges Investitionsprogramm verordnet. An Innovation fehlte es in Billund noch nie, deshalb wurde hier bereits früh eine Abteilung eingerichtet, die sich ausschließlich mit der Entwicklung von Computer-Software für LEGO Produkte befaßt.

Seit 1997 gibt es im LEGO TECHNIC Set ein raffiniertes U-Boot einschließlich – eine Novität in der Firmengeschichte – einer CD-ROM mit Bauanleitung. Mit dem Produkt gelang der LEGO Gruppe ein Rekord ganz besonderer Art. Das Computer-Spielzeug fand überall begeisterte Abnehmer. Keine andere CD-ROM in Europa wurde im Frühjahr 1997 in den Läden so oft geklaut wie diese: Sie war nämlich ursprünglich in einer Art Tasche außen an der Schachtel befestigt.

Bei den «Profi Sets» läßt sich der Truck «Barcode Control» durch das Einscannen von Strichcodes programmieren.

Die neugegründete Abteilung LEGO Media entwickelt und vermarktet ausschließlich Software für Kinder. Selbstverständlich ist die Firma als eine der ersten im weltweiten Internet mit einer eigenen WEB-Seite vertreten.

Mittlerweile arbeitet die LEGO Gruppe immer enger mit der US-Firma Mindscape zusammen. Den Auftakt machte dabei im Oktober 1997 ein interaktives Computerspiel: «Abenteuer auf der LEGO Insel».

Mehr als 10 Milliarden Kronen (2,6 Milliarden Mark) wird Kirk

Kjeld Kristiansen in den nächsten Jahren in eine von Bits und Bytes gesteuerte Spiel- und Spaß-Welt investieren. 1998 schloß der europäische Spielzeug-Tycoon aus Billund mit der amerikanischen Lucas Film Ltd. über mehrere Jahre ein exklusives Lizenzabkommen ab. Nach diesem Abkommen darf die LEGO Gruppe von Frühjahr 1999 an Konstruktionsspielzeug auf der Basis der «Star Wars»-Filmserie global vermarkten, und zwar sämtliche Fahrzeuge, Figuren und Gebäude, die in den drei bereits vorhandenen und den drei noch geplanten «Krieg der Sterne»-Filmen vorkommen.

Im Jahr 1999 kommt es zu einer weiteren, ungewöhnlichen Elefantenhochzeit: Der Spielzeugriese LEGO kooperiert mit dem Giganten Walt Disney. Auf sieben neuen LEGO DUPLO Sets wird im Frühjahr 1999 der seit Generationen von Millionen Kindern heißgeliebte Bär «Winnie Puuh» Zwei- bis Fünfjährige glücklich machen. Die Zusammenarbeit LEGO / Disney wird weitergehen. Auch Mickey Mouse und seine Freunde und andere Disneyfiguren sollen in das LEGO SYSTEM Programm einziehen. Konzernchef Kjeld Kirk Kristiansen ist fest überzeugt, daß sich beide Spielzeugriesen perfekt ergänzen.

Bisher hatte der Konzern eine Annäherung an die Unterhaltungskultur stets strikt abgelehnt. Er verstand seine Produkte weit eher als «Erziehungs-Spielzeug». Allerdings ist dieses Konzept in Anbetracht der Marktgegebenheiten ins Wanken geraten: Auch in den USA sinkt der Umsatz mit Konstruktionsspielzeug ständig. Kinder von heute interessieren sich statt dessen immer mehr für Videospiele und Action-Figuren.

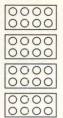

LEGOLAND Billund
Die ganze Welt in der Nußschale

In den sechziger Jahren pilgerten Vereine und Schulklassen scharenweise nach Billund, um die LEGO Fabrik zu besuchen. Vor allem aber, um die faszinierenden LEGO Modelle zu sehen, die überwiegend von einer Frau stammten: der legendären, künstlerisch hochbegabten Designerin Dagny Holm.

So schmeichelhaft das Publikumsinteresse für die LEGO Gruppe war, der immer stärker werdende Strom der Besucher wurde bald zu einem Hindernis für den reibungslosen Arbeitsablauf rund um die Werkshallen. So kam Godtfred Kirk Christiansen auf die Idee, eine ständige Ausstellung dieser Modelle einzurichten. Zunächst schwebte ihm eine einfache kleine Ausstellung unter freiem Himmel vor. Ein älteres Ehepaar sollte die Eintrittskarten verkaufen und daneben allenfalls noch Kaffee anbieten.

Daraus entwickelte sich in der Folge LEGOLAND Billund, das bunte und seit den letzten zehn Jahren auch höchst einträgliche Schaufenster des Konzerns. Nach dem wunderbaren nostalgischen Vergnügungspark «Tivoli» in Kopenhagen wurde es längst zu Dänemarks größter Touristenattraktion.

Obwohl eigentlich nur für Kinder erfunden, appelliert die Freizeiteinrichtung offenbar perfekt an das kindliche Gemüt in uns allen. Die eigentliche Zielgruppe sind zwar Eltern und ihre Kinder zwischen drei und zwölf Jahren, aber ein Drittel der 1,5 Millionen Besucher, die jährlich hierherpilgern, sind den Statistiken nach Erwachsene ohne Kinder. Der Mann, dem der geniale Entwurf von LEGOLAND Billund zu verdanken ist, hieß Arnold Boutrup und war eigentlich Chefdekorateur in einem Kopenhagener Waren-

Die Designerin Dagny Holm und ihre «Mädchen»

haus. Ganz Dänemark kannte seine witzigen Schaufenster-Insze-
nierungen. Godtfred konnte Boutrup überreden, seine Kunst in
Billund unter Beweis zu stellen. Die ersten Bleistiftskizzen sind
noch heute erhalten. Zunächst einmal mußten viele tausend Zent-
ner Grassoden, Torf und Erde bewegt werden. In zweijähriger Arbeit wurde so aus 13 000 Quadratmetern eintönig flacher Heide-
landschaft ein hügeliger Vergnügungspark modelliert. Am 7. Juni
1968 konnte das auf dem Reißbrett geplante Freizeitparadies eröffnet werden. Schon in der ersten Saison kamen nicht weniger als
625 000 Gäste. Als Personal für die Bedienung der Gäste knapp war,
wurden an manchen Sonntagen LEGO Direktoren von GKC zum
Abwaschen in den Park abkommandiert.

Verglichen mit den raffinierten Attraktionen von heute waren die
Vergnügungen damals allerdings bescheiden. Es gab natürlich
schon ein Miniland mit aus Klötzchen zusammengebauten Miniaturen weltberühmter Bauwerke, einen großen Zug, eine Verkehrsschule für den Kinderführerschein (damals noch mit Fahrrädern),
Kindertheater und selbstverständlich einen Spielplatz mit Zentnern
von Bausteinen. Die Kinder konnten damit spielen und hinterher
die Klötzchen-Kästen als Erinnerung an den herrlichen Tag in Billund auch kaufen.

Heute umfaßt der Park auf der jütländischen Heide 85 Hektar.
Das Kinderland hat eine Poststation mit eigenem Stempel. Der
Briefkasten aus knallroten Klötzchen ist amtlich genehmigt. Alle
Sendungen, die von hier aus abgehen, bekommen den bei Philate-
listen hochbegehrten, offiziellen Stempel LEGOLAND Billund.

Ständig erweitert und durch Attraktionen angereichert, hat das
Freizeitparadies bis heute auf der ganzen Welt nicht seinesgleichen.
Inzwischen besteht es doch aus sage und schreibe 46 Millionen
Noppensteinen.

Hafensilhouetten, Schlösser, Märchenstraßen, Dschungelpfade,
die berühmtesten Bauten der Welt, die Glanzlichter menschlicher
Kultur, hier stehen sie, aus leuchtenden kleinen Quadern errichtet,

Arnold Boutrup: Der Schaufenster-Dekorateur aus Kopenhagen entwarf LEGOLAND Billund

alle an einem Ort versammelt, ohne daß die Bausünden der Neuzeit die Harmonie störten.

Über 50 Attraktionen warten auf die großen und kleinen Besucher. Ortschaften aus Dänemark, Norwegen, Schweden, Finnland, Deutschland, den Niederlanden und Großbritannien sind hier täuschend ähnlich nachgebaut. Eine Fünf-Minuten-Kreuzfahrt in Minibooten bietet eine Art Weltumsegelung: vorbei an der New Yorker Freiheitsstatue, den Tempeln von Bangkok und der Akropolis und vielem mehr. Glatt, perfekt, aber irgendwie auch auf Dauer ein bißchen langweilig und sehr steril stehen sie da auf der jütländischen Heide. Dennoch ist ihre Botschaft ermutigend. Lautet sie doch: Alles auf dieser Welt ist machbar. Sogar dein eigenes Empire State Building kannst du dir bauen – vorausgesetzt, du verfügst über genügend Noppensteine.

Unmengen von Steinen stecken in den einzelnen Sehenswürdigkeiten: 1,4 Millionen Stück braucht man zum Beispiel für die New

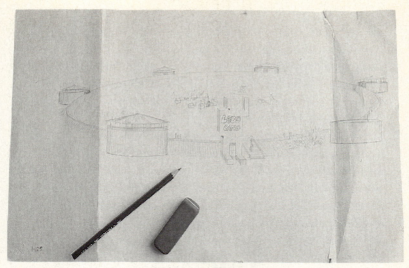

Die allererste Skizze zu LEGOLAND Billund

Yorker Freiheitsstatue im Maßstab 1:20; 1,5 Millionen LEGO Steine und 40 000 DUPLO Steine sind für das Mount Rushmore Monument erforderlich; 687 860 für den Flughafen von Billund samt Flugzeugen; 3 Millionen Steine für den Hafen von Kopenhagen; 1,5 Millionen für den Flughafen München; 253 000 für das Capitol in Washington. Das tolle Piratenland wurde aus 3,5 Millionen Steinen errichtet.

Worauf beruht nun eigentlich die Faszination einer derartigen «Welt en miniature»? Warum macht es solchen Spaß, wie weiland Gulliver zwischen winzigen Modellen unserer realen Welt hin und her zu stiefeln? Sich immer wieder vor die niedlichen Häuser hinzukauern und sich vorzustellen, wie es wäre, wenn man durch die zierlichen Türen eintreten, durch die kleinen Fenster herausschauen und sich in den gemütlichen Räumen wohnlich niederlassen könnte?

Psychologen haben dafür natürlich eine Erklärung parat: Es ist das Verlangen, Macht und Kontrolle auf die Umwelt auszuüben. Wenn sich schon die große Welt unserem Willen nicht beugt, muß wenigstens die Welt in der Nußschale unserer Verfügungsgewalt gehorchen. Selbst ein respekteinflößendes Konstrukt wie eine Dampflok oder eine Raumfahrtstation schrumpft im Miniformat zu beherrschbaren Dimensionen.

Jeder ist willkommen im Königreich der Klötzchen! Nur einem wird der Eintritt strikt verwehrt: Der Maulwurf wird an den unterirdischen Grenzen des Steinchen-Imperiums unsanft gestoppt, und zwar durch ein 212 Kilometer langes Netzwerk von Stromkabeln unter dem Areal. Kein Samtpaletot kann sich da hindurchbuddeln und als Überraschungsgast irgendwo im Liliputland zwischen den hüfthohen Abu-Simbel-Tempeln und Schloß Amalienborg frech die Nase herausstrecken.

Die Saison ist kurz hier oben im Norden. Aber in den letzten Jahren versuchten die LEGO Leute, sie durch neue, wetterunabhängige Attraktionen von März bis in den Oktober auszudehnen, bringt doch jeder Tag eine Menge neuer Besucher.

Ende Februar rücken Spezialisten in den Freizeitpark ein und polieren ihn für den kommenden Sommer auf Hochglanz. Reinigungsschwadrone schwärmen mit Schlauch und Handwerkszeug von Sektion zu Sektion, von LEGORADO Town, der Westernstadt, über Piratenland und die riesigen Ritterburgen, bis hin zu den Indianern, den LEGO Schiffen und LEGO Autos. Der Turm von «Schloß Neuschwanstein» wird neu aufgerüstet und Mount Rushmore mit den US-Präsidentenköpfen ebenso kräftig abgeschrubbt wie die Tempel von Abu Simbel.

Aber vor allem beginnt bereits jetzt der Kampf gegen das Unkraut. Im LEGOLAND Park ist selbst der Vorgarten aus Steinchen zusammengesetzt. Zwischen den künstlichen Fjorden und dem Rhein darf kein Grashalm sprießen, kein Löwenzahn seine tückischen Pfahlwurzeln durch die Erde treiben, um urplötzlich knallgelb neben der Dresdner Frauenkirche zu erblühen. Deshalb wird

das Unkraut sorgfältig mit biologischem Unkrautvernichter be-
kämpft. In den Landschaften aus Menschenhand gedeihen speziell
gezüchtete, winzige Bäumchen. Und wenn irgendwo zwischen
einer holländischen Windmühle und dem Capitol ein gebeugter
Rücken auftaucht, gehört er mit Sicherheit einem Gärtner, der die
Minibäumchen mit der Nagelschere beschneidet.

Nach dem Frühjahrsputz öffnet LEGOLAND Billund schließlich seine Tore für ca. 1,4 Millionen (1997) Menschen, die pro Saison per Bahn, Bus, Auto oder Flugzeug anreisen. Für die bis zu
zehntausend Besucher, die jeden Tag kommen, um die phantastische Welt zu bestaunen, sind 7 500 Parkplätze verfügbar. Hunde
sind willkommen, für sie stehen überall im Park Wasserschalen bereit. Für Behinderte, die hier, wie überall in Skandinavien, auf besonders viel Zuvorkommenheit stoßen, können Rollstühle ausge-
liehen werden, so daß sie im behindertengerechten LEGOLAND
Park alle Sehenswürdigkeiten problemlos besichtigen können.

Die umliegenden Gemeinden profitieren von den Saisonjobs,
die LEGOLAND Billund ihnen zu bieten hat: Im Sommer sind
750 Mitarbeiter unentwegt im Einsatz, um die Besuchermassen zu
bändigen, auf die richtigen Wege zu leiten, zu füttern und zu trän-
ken. Die vierzig rotblau berockten Musiker der LEGOLAND
Garde, die immer wieder, auf ihren Instrumenten spielend, durch
den Park marschieren, sind allesamt Teenager aus der Umgebung.
Ihr Engagement wird nicht in barer Münze abgegolten – ihr Lohn
ist der Musikunterricht, den man ihnen für ihren Einsatz erteilt.

Zahlenfetischisten, die sie nun einmal sind, führen die Billunder
sogar Buch über den Appetit ihrer Gäste: Pro Saison werden
50 Tonnen Spare-ribs, 30 Tonnen Würstchen und 12 000 Tonnen
Speiseeis vertilgt. Letzteres soll übrigens weitgehend zuckerfrei
sein, um die kindlichen Zähne zu schonen, was der Firma schon
einmal einen Preis der dänischen Zahnärzte einbrachte.

Bei solchen Mengen muß auch die Entsorgung gesichert sein:
«83 WCs im Park bewältigen den Andrang selbst bei größtem

Das Indianerlager in LEGOLAND Billund, wie es ursprünglich aussah

Hochdruck», heißt es dazu im Prospekt zum LEGOLAND Park. Das ganze riesige Gelände, das ist das eigentlich Überraschende, scheint ständig in Bewegung: Fahrzeuge und Fähren durchkreuzen das Areal, Autos schlängeln sich durch die kleinen Straßen von Miniland. Ein winziger Wagen fährt an Bord einer Fähre, die von Land ablegt, einen neuen Hafen anfährt, von dort aus setzt der PKW auf einer neuen Straße die Fahrt fort. Züge sausen durch die Landschaft, auf den Stationen warten ungeduldige Reisende. Auf dem Flughafen zuckeln Jets zum Start, der sich dann allerdings nur in der Phantasie des Betrachters abspielt, über Lautsprecher werden die Abflüge bekanntgegeben. Kräne fahren hoch und runter, mit Monorail, einer weltweiten Rarität, schwebt man etliche Fuß über den Köpfen der anderen Besucher. Der LEGOCOPTER düst hoch und runter, ohne abzuheben. Hinter den Kulissen halten 21 eigens erstellte, höchst komplizierte Computerprogramme den ganzen riesigen Park, vom Passagierjet bis hin zum Papagei im Piratenland des Käpt'n Roger, in Trab.

LEGOLAND Billund ist zwar ein Amüsierbetrieb, doch überall blitzt auch das pädagogische Element durch: Kinder lassen sich heutzutage nicht mehr mit den Männchen abspeisen, sondern wollen selbst aktiv werden, Erfinder und Macher sein. Im LEGO Workshop kann die ganze Familie bauen, was beliebt, und dann austesten, ob es auch funktioniert. Im LEGO MINDSTORMS Labor warten die neuen Computer darauf, ausprobiert zu werden. Ein Renner ist die Verkehrsschule, wo 8- bis 13jährige nach 20 Minuten Fahrschule im Elektroauto die Fahrprüfung machen können. Wenn sie die Prüfung bestanden haben, erhalten sie den «Führerschein». Für die allerkleinsten Besucher stehen in LEGOLAND Billund Miniatur-Flugzeuge und -Autos parat – die allerdings nur so aussehen, als wären sie aus LEGO Steinen.

In LEGOGOLD Mine schürfen die Kids das gelbe Metall aus dem Wasser und lassen sich anschließend einen Dukaten daraus prägen. Im Indianerlager hilft der Häuptling beim Stockbrotbakken am Lagerfeuer, die Kinder werden zu Hilfssheriffs befördert. In wilder Fahrt sausen die Kleinen im Kanu den Bach hinunter durchs Indianerland oder gehen in Safari-Jeeps mit wilden Tieren wie Zebras, Elefanten, Löwen und Giraffen auf Tuchfühlung. Alle Tiere wurden von Designern entworfen und sehen von weitem ihren Vorbildern in freier Wildbahn täuschend ähnlich. Erst aus der Nähe erkennt der Betrachter ihre Kanten und Ecken.

Zum Auftakt der Saison 1997 wurde zum ersten Mal seit dem 17. Jahrhundert in Dänemark wieder ein neuerbautes Schloß eröffnet, und zwar mitten in LEGOLAND Billund. Auf einem zwei Fußballfelder großen Areal erhebt sich der Phantasiebau mit neun Türmen, der höchste ist 18 Meter hoch. Acht Mitarbeiter der Entwicklungsabteilung arbeiteten mehr als ein Jahr daran, diese Burg und ihr Umland mit den neuesten technischen Finessen auszustatten. Auch die Gärtner zollten den Altvorderen Respekt. Rund um die Anlage wurden keine Minibäumchen, sondern 150 große Bäume, einige davon bereits über 20 Jahre alt, angepflanzt. Mit einem Kostenaufwand von 13 Millionen Mark ist das Schloß seither die größte Einzelinvestition in der Geschichte des Freizeitparks.

In zwei Drachenwagen fährt man mit beschaulichen drei Stundenkilometern mitten hinein in das mittelalterliche Treiben von Rittern, Knappen, Burggespenstern und Schloßfräulein, passiert dabei zwanzig wie kleine Bühnen gestaltete Tableaus, auf denen Details aus der Ritterzeit nachgestellt sind: Rittersaal, Schatzkammer, Verlies – alles natürlich zusammengenoppt. Die Tableaus vermitteln nicht nur visuelle Reize wie Licht, Klang und Bewegungen, sondern auch Gerüche: So riecht es etwa in der Schloßküche nach Spiegeleiern mit gebratenem Speck, nach Wildschweinbraten und frischgebackenem Kuchen.

Selbstverständlich haben die Billunder auch an diejenigen gedacht, denen ein Tagesausflug nicht reicht, um alles anzuschauen und zu genießen. Das firmeneigene LEGOLAND Hotel grenzt unmittelbar an den Park und ist durch eine Brücke mit ihm verbunden. Der Pianist, der im Restaurant unermüdlich in die Tasten greift, vollführt eigenartig ruckartige Bewegungen – kein Wunder, er ist aus Steinchen. Das Smørrebrød-Buffet dagegen ist echt und dänisch at it's best: Zwiebelfisch, Matjes, Lachs, Frikadellen. Es schmeckt kein bißchen nach Kunststoff.

Doch außer den Miniansichten draußen bietet der Park in Billund auch überraschende, wundersame Innenwelten. In den Ausstellungsgebäuden an der Südseite sind alte, faszinierende Sammlungen und rare Einzelstücke aus fernen Tagen zu besichtigen.

Schöne, seltsame kleine Dinge, einzig und allein erdacht für Homo ludens, den spielenden Menschen. Sie bestehen zwar nicht aus den berühmten Steinchen, gehören aber trotzdem untrennbar hierher nach Billund: Auf internationalen Auktionen und aus privaten Sammlungen erworben, hat die Familie Christiansen, ohne Kosten und Mühen zu scheuen, das schönste Spielzeug aus längst vergangener Zeit zusammengetragen. So verkaufte der Künstler Helme seine Schätze an mechanischem Spielzeug aus

Eine Brücke verbindet das LEGO Hotel mit dem LEGOLAND Billund

Miniland in LEGOLAND Billund

vielen Ländern an die LEGO Sammlungen: über 1000 Ausstellungsstücke aus der Zeit von 1850 bis 1950, darunter 66 ganz besonders reizvolle Objekte, altes Lehmann-Spielzeug aus Nürnberg. Unter vielen Schaukästen sind kleine Bildschirme eingebaut; per Knopfdruck startet ein Film, der das Spielzeug in Bewegung zeigt.

Ein besonderer Anziehungspunkt war die leider zur Zeit nicht mehr zu besichtigende Sammlung von 30 000 sogenannten Oblaten oder Glanzbildern. Gelackte Farblithographien aus der Zeit ab 1860, die einst nur wenige Pfennige kosteten und wie Sinnbilder der guten alten Zeit herübergerettet wurden in die computergesteuerte Moderne. Auf ihnen wimmelt es von Engeln, Rosen, Vergißmeinnicht und ähnlichen romantischen Motiven. Derartige Glanzbilder waren vor allem bei den ärmeren Bevölkerungsschichten beliebt. Nach einem zwölfstündigen Arbeitstag konnten sich Magd, Hausmädchen und Weißnäherin am Feierabend, wenn sie todmüde ihr Oblatenalbum hervorholten und darin blätterten, vorübergehend in romantische, wenn auch trügerische Traumwelten versenken.

Zu LEGOLAND Billund gehört auch eine der schönsten und umfangreichsten Puppensammlungen der Welt. Sie wird ständig ergänzt und umfaßt derzeit 400 Exemplare, vom 16. bis zum 20. Jahrhundert, welche die Entwicklung von der frühesten, primitiven, holzgeschnitzten Puppe, über die pompöse, in Seide gekleidete Modepuppe, bis zur realistischen Charakterpuppe dokumentieren. Die Grande Dame der bezaubernden Gesellschaft ist eine französische Schönheit namens «Madeleine Renaud» aus dem Jahre 1580. Auch «Lady Elton», die um 1690 das Licht der Welt erblickt hat, ist eine rare Besonderheit, «very british», mit einem neckischen Muttermal über dem Auge. «Madame» wiederum wurde 1750 hergestellt und entstammt vermutlich französischem Adel. Sie hat feine, handgeschnitzte Gesichtszüge und trägt goldene Schuhe und Perlenschnüre im Haar.

Die Puppen in Billund spiegeln nicht nur Mädchenträume wider, sondern auch die Schönheitsideale, Mode, Kultur und Gewohnheiten ihrer Entstehungszeit. Viele waren niemals als Spielzeug gedacht, sie dienten vielmehr den Schneidern ihrer Zeit als transportable Mannequins. Mit 40 antiken Puppenhäusern besitzt LEGOLAND Billund zudem eine der größten Puppenhaussammlungen der Welt. Die schönste Küche der Sammlung, ein Kleinod mit winziger Petroleumlampe, Zinn- und Kupfergeschirr, entstand um 1800 in Schleswig-Holstein.

Weitere Attraktionen sind die komplette Palette von LEGO Holzspielzeug aus der Zeit, bevor die Ära des Kunststoffs begann. Und schließlich findet sich hier, als der absolute Höhepunkt der Ausstellung, der sogenannte «Titania-Palast». Dieses weltweit einzigartige Miniaturschloß wurde 1978 von LEGO Abgesandten bei Christie's in London ersteigert. Es handelt sich um einen geradezu fürstlichen Wohnsitz auf 6,5 Quadratmetern Grundfläche, mit 18 Zimmern, eingerichtet für eine neunköpfige Elfenfamilie. Zwei Jahre lang waren drei Fachleute in Billund damit beschäftigt, das Gebäude zu renovieren und die Einrichtung zu katalogisieren. Jeder einzelne Gegenstand wurde akribisch beschrieben und fotografiert. Der dänische Künstler Mads Stage gestaltete den 300 Quadratmeter großen, einzigartigen Ausstellungsraum für den Palast. Das Licht ist gedämpft. An den Wänden hängen wie Tautropfen geformte Schaukästen, in denen 60 Themen aus dem Palast ausgestellt sind, damit sie in nächster Nähe bestaunt werden können.

Ganze 15 Jahre – von 1907 bis 1922 – werkelte ein Stab von erstklassigen Handwerkern im Auftrag des reichen, spleenigen Iren Sir Neville Wilkinson, eines Kunstmalers und Exoffiziers, an der extravaganten «Elfenstube» für dessen abgöttisch geliebte Tochter Gwendolyn. Es heißt, die sensible Kleine habe als Dreijährige im Garten zufällig eine herumirrende Fee erblickt und angenommen, sie hause in einer Erdhöhle. Eine derartige Unterkunft sei, meinte sie, einer Elfe unwürdig und bat Daddy deshalb, dem Geschöpf aus dem Feenreich und seiner Familie ein Dach über dem Kopf zu schaffen. Der Tochter Wunsch war dem Vater Befehl. Als das Schlößchen für Titania, ihren Prinzgemahl Oberon und deren sieben Kinder aus Shakespeares «Sommernachtstraum» endlich fertig war – ein Bauwerk aus Mahagoni mit vier Flügeln und einem Grundriß von 230 x 295 Zentimetern –, wurde es 1922 von der britischen Königin Mary an ihrem Hochzeitstag höchstpersönlich eröffnet. Ihre Majestät teilte mit Sir Neville das Interesse für Miniatursammlungen und Puppenhäuser und schenkte ihm zur Palasteinweihung die kleinen chinesischen Silberfiligranlampen, die heute in der Halle des Palastes zu besichtigen sind.

Auch Titanias Palast ist ein Wunderwerk à la Liliput – eingerichtet mit 3000 von Sir Neville in aller Welt gesammelten Miniaturgegenständen, angefangen von den winzigen Möbeln bis hin zu fingernagelgroßen Schmuckstücken. Der Sekretär der Feenkönigin ist mit prächtigen Einlegearbeiten und Minigeheimfächern bestückt, ihr Elfenthron mit echten, stecknadelkopfgroßen Edelsteinen besetzt. Sie besitzt Miniaturbriefpapier und goldene Schmuckkästchen. In dem herrlichen «Saal des Feenkusses» (siehe Farbbildteil) ist jedes kleine Detail aus Gold, die Gobelins sind nach alten Mustern gewebt, das hauchdünne Puppengeschirr ist tatsächlich echtes Porzellan. Im Spielzimmer der Elfenkinder schläft das jüngste Mitglied der Familie, Prinz Crystal, in einer goldenen Wiege. Ein Schirm mit winzigen Bildern in leuchtenden Farben schützt ihn gegen Zug vom Fenster. Auf den seidenbestickten Bannern mit dem Schmetterlingssymbol steht «Nihil sine labore» («Nichts ohne Arbeit»). Das gilt im höchsten Maß für das Werk der unbekannten Handwerker. Welche Fingerfertigkeit, welche Geduld, welch unglaubliches handwerkliches Können!

Anders als Queen Elizabeth II. von England hat die Elfenkönigin Titania von Billund nie Ärger mit dem Personal, vor allem nicht

Miniaturen aus Titanias Palast in Originalgröße

mit dem Reinigungspersonal. Denn die Welt der Winzigkeiten erfordert besonders sorgfältige und gewissenhafte Putzfrauen. Aksa Tapdrup und Else Pedersen sind seit vielen Jahren autorisierte Elfenstaubentfernerinnen. Jahrelang pflegen sie nun schon die Innenausstellungen von LEGOLAND Billund, einschließlich Titanias Palast. Eine ausgesprochen diffizile Aufgabe, denn das Inventar ist nicht nur äußerst kostbar, es ist schlichtweg unersetzlich. Einmal im Jahr, so berichtet Aksa Tapdrup, werden alle 3000 Gegenstände des Inventars komplett ausgeräumt. Denn im Palast setzt sich nicht bloß simpler grober Staub, sondern naturgemäß mikroskopisch feiner Elfenstaub ab.

Alles wird dann mit kleinen Pinseln abgestaubt, eine Arbeit, die absolute Konzentration und eine ruhige Hand erfordert. Holzteile werden mit einem petroleumgetränkten Tuch abgewischt. Am schwierigsten sind die unzähligen, teilweise mit Perlen und Diamanten besetzten Gold- und Silberkunstwerke zu reinigen. Die Frauen nehmen dabei «Wattestäbchen» zu Hilfe. Die allerkleinsten Gegenstände, besonders die gläsernen Miniantiquitäten, können nur per Pinzette angefaßt werden. Das Decken des spiegelblanken

Elfeneßtisches mit millimetergenau plazierten Tellerchen und Gläsern ist Else Pedersens ganz besondere Spezialität. Einmal entglitt den Frauen beim Reinigen, trotz aller Vorsicht, Titanias Rosenkranz – der «kleinste Rosenkranz der Welt» – und fiel zu Boden. Aus Angst, ihn zu zertreten, wagten Aksa und Else keinen Schritt. Immerhin gehört dieser Rosenkranz zu den Juwelen der Ausstellung, nach dem die Besucher immer wieder fragen. Schließlich legten sich die beiden auf den Boden und tasteten auf allen vieren im Dämmerlicht des Ausstellungsraums nach Titanias Juwel – und fanden es unzerstört. Seither haben Aksa und Else immer eine Taschenlampe dabei, wenn sie mit ihrer Reinigungsarbeit beginnen.

Ende Oktober ist es dann soweit: Das Märchenland schließt die Tore. Das Wasser aus den kleinen Kanälen wird abgelassen. Alle Figuren, Autos, Züge, Fähren werden registriert und in Hunderten von Schachteln verstaut. Noch vor Winteranfang versenken die Gärtner 60 000 Blumenzwiebeln in die Erde, denn wenn der Park öffnet, sollen tausend Frühlingsblumen blühen. Alle fahrenden und fliegenden Attraktionen werden in den Werkstätten gründlich überholt. Auch die 20 000 Schrauben des LEGO Zuges werden abmontiert und, nachdem er einen frischen Farbanstrich bekommen hat, wieder angeschraubt. Die Bauten aus Plastik bleiben, wie von Christo in weiße Plastikfolie verpackt, im Winter draußen.

Festgebunden trotzen sie dem rauhen nordischen Wind und Wetter und sehen – wie könnte es anders sein – im Frühjahr trotzdem leuchtend frisch aus, bereit für die nächste LEGOLAND Saison.

Im Winter erinnert Billund fast wieder ein bißchen an jenen verlassenen Stationsort von einst auf der jütländischen Heide, heute allerdings mit Flughafen und Satellitenschüsseln. Die Eisenbahnlinie wurde in den sechziger Jahren abgeschafft, der Bahnhof beherbergt heute eine Bierstube. Aber noch etwas ist da, was sich verändert hat: Inzwischen hausen hier, mitten im grauen dänischen Winter, in zahllosen bunten Türmchen und Erkern – die Elfen.

Kein LEGO Stein im Stadtwappen: die Klötzchen-Stadt Billund

Jütland ist die große Halbinsel, die neben unzähligen kleineren Inseln das Königreich Dänemark ausmacht. Von hier aus brachen einst die Wikinger auf, um ganz Europa in Angst und Schrecken zu versetzen. Aber die Nordmänner waren nicht nur Eroberer, sondern auch begabte Kaufleute, die Europa mit einem Netz von Handelsstützpunkten überzogen. Den Jütländern, ihren Nachkommen, sagt man bis heute eine gute Nase in kaufmännischen Dingen nach.

Hinter der Stadt Kolding, 80 Kilometer nördlich von Flensburg hinter der deutschen Grenze, zweigt die Straße in Richtung Billund ab. Weite Strecken der Halbinsel sind mit Heide und Moor bedeckt. Ein je nach Jahreszeit rauchgrauer oder rauchblauer Himmel hängt tief über den vielen Kiefernschonungen. Hufeisenförmige Gehöfte ducken sich hinter schütteren Baumgruppen. Mattes Grün und Ocker sind die beherrschenden Farben der erst hügeligen, dann wieder pfannkuchenflachen Gegend mit Mischwäldern und Wiesen. In den begrenzenden Knicks, die den hier allgegenwärtigen Wind abhalten, leuchten im Sommer rosafarbene Heckenrosen, im Herbst dunkelrote Hagebutten.

Hier, exakt auf 44', 6'' nördlicher Breite und 9°, 7' 56'' östlicher Länge, begann die rasante LEGO Story. In einem armseligen Dörfchen, das eigentlich nur aus einem Bahnanschluß mit einigen Häusern bestand, dessen einziger hochaufragender Blickpunkt damals der Schornstein der Meierei war, lag die Tischlerei von Ole Kirk Christiansen.

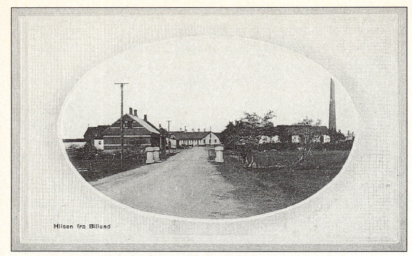

Straßenpartie in Billund, Ansichtskarte aus den zwanziger Jahren

Die Bahnstation wurde 1914 eröffnet und 1957 geschlossen

Billund ist heute eine moderne Stadt: Das Rathaus entstand Anfang der 80er Jahre

Knapp 1 000 Einwohner wohnten 1930 in der Gemeinde Grene, zu der Billund mit knapp hundert Einwohnern gehörte. Heute leben dort 6 000 Menschen, während die ganze Gemeinde inzwischen achteinhalbtausend Seelen zählt. Rund 1 200 davon arbeiten bei LEGO. Bis zum Jahr 2000 rechnet man mit weiterem Zuzug.

Erst 1972 erhielt Billund den Status einer selbständigen Gemeinde mit eigenem Wappen. Wider Erwarten ziert es kein LEGO Stein: «Durch eine Baumlinie in ein goldenes und ein grünes Feld eingeteilt. Im oberen Feld fliegt eine grüne Heidelerche aufwärts», so wird das Billunder Wappen beschrieben.

Heute ist Billund ein Wirtschaftszentrum, das kräftig von der Idee des Tischlers Ole Kirk Christiansen, der unter die Spielzeugmacher ging, und von der Bodenständigkeit seiner Nachkommen profitiert hat. Die Gemeinde ist Hauptsitz und Keimzelle eines der umsatzstärksten dänischen Unternehmen geworden. Immer noch lebt die

Erfinderfamilie hier, mitten unter ihren Mitarbeitern, in modernen Bungalows, nur 200 Meter vom LEGO Verwaltungszentrum entfernt.

Die Aktivitäten der LEGO Gruppe prägen nicht nur das soziale Leben von Billund, sie beeinflussen auch das Stadtbild. Denn der Konzern hat bisher an die 13, 14 Gebäude und Fabriken errichtet. In letzteren formen Maschinen fast selbsttätig die bunten Steine und alles, was dazugehört. Anfangs sahen die Häuser noch ein wenig gleichförmig aus. Später kamen kompliziertere Bauten dazu. Eine Art City entstand.

Dennoch wird man bis heute den Eindruck nicht los, daß für eine richtige Stadt einfach nicht genug Steine da waren. Der Ort hat etwas Surrealistisches, kein Designer könnte ihn besser erfinden. Vor den Firmengebäuden, an der meistbefahrenen Kreuzung des Städtchens, sieht es aus, als habe eine Spielzeugfee riesige bunte Fiberglassteine in Rot, Gelb, Blau und Weiß vom Himmel fallen lassen. Immer drei auf einen Haufen. Als habe ein Riesenkind sie dort vergessen. Zweiundzwanzig bohren sich heute in die Wiese am Werk «Kornmarken», wo Lastwagen sie 1990 als farbiges Außendekor abgeladen haben. Weitere Riesensteine sind seither anderswo auf Wiesen und Grundstücken dazugekommen. Die hundertfache Vergrößerung dessen, was den Billundern Glück und Wohlstand brachte: der Achtknopfstein. Highland-Rinder und Schafe grasen dekorativ davor und scheuern das Fell an den knallbunten Dingern.

Bei aller Idylle hat sich in dem großen Dorf dennoch längst die Infrastruktur einer Großstadt etabliert. Im Zentrum von Billund wurde 1973 eine kleine Kirche mit einem Kulturzentrum vom «Ole Kirk Fonds» gestiftet. Es besitzt einen Kindergarten, der über 25 Jahre alt ist und ebenfalls aus dem «Ole Kirk Fonds» finanziert wird, einer 1964 gegründeten Stiftung, die kulturelle und andere Aktivitäten zum Wohle der Billunder Bürger fördert. Das Zentrum von Billund hat auch einen kleinen Theatersaal und, allerdings nicht von der LEGO Gruppe ins Leben gerufen, eine Trabrenn-bahn! Nichtöffentliche Billund-Attraktionen sind das LEGO Haus der Idee (ein Museum und Firmenarchiv der LEGO Geschichte) und LEGO Futura, das bestbewachte Gebäude in Billund. Es beher-bergt die Zukunftsschmiede des Konzerns, in dem unermüdlich die LEGO Artikel von morgen konzipiert werden. Offen für jedermann ist dagegen der am Rande von Billund gelegene LEGOLAND Park, zu dem alljährlich zur Sommerszeit Hunderttausende strömen.

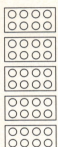

Jungen spielen ganz anders ○ LEGO Spielzeug – «männlich besetzt»?

In den Kinderzimmern wechseln die Moden schneller als in der Haute Couture. Designer, Produktentwickler und Marktforscher der LEGO Gruppe beobachten Kinder stundenlang beim Spielen und führen endlose Gespräche mit ihnen und ihren Eltern und Lehrern. Aus den Beobachtungen, wie ein Spiel verläuft, wie sich Kinder z. B. Aufgaben nähern, wie sie sich im Rollenspiel mit ihrer Umwelt auseinandersetzen etc., werden neue Produktkonzepte entwickelt. Eine besondere Rolle kommt dabei dem sogenannten «Spielwert» eines Spielzeugs zu. Der ergibt sich aus der Zeit, die das Kind mit seinem Spielzeug verbringt. Um ihn zu ermitteln, stellen Forscher folgende Fragen:

○ Wie lange beschäftigt sich ein Kind jeweils mit dem Spielzeug?

○ Wie oft wird es benutzt, z. B. wie viele Male pro Woche?

○ Wie viele Jahre bleibt ein Spielzeug für ein Kind interessant?

Bei allen Kriterien schneiden LEGO Produkte denkbar gut ab. Dividiert man die Spielstunden durch den Anschaffungspreis – auch diese Rechnung wird in Billund angestellt –, gehört das System trotz seiner Hochpreisigkeit mit zu den preiswertesten auf dem Markt.

Kinder können mit allem spielen, was ihnen in die Hände kommt. Mit Küchengeschirr, Steinen, Stöcken, Wasser, Werkzeug. Mit allem, was ihnen spannend, interessant oder brauchbar vorkommt. Bei vielem handelt es sich um Miniaturausgaben von Dingen aus der Welt der Erwachsenen: Häuser, Autos, Kleidung, Menschen, Hausgeräten. Diese Objekte kennen die Kinder aus ihrem Alltag. Das gibt ihnen ein Gefühl der Geborgenheit. Gleichzeitig lernen sie ihre Umwelt und Kultur kennen.

Welches Spielzeug braucht ein Kind aber unbedingt für seine Entwicklung? Spielzeugforscher sind sich einig: Das beste Spielzeug, das je erfunden wurde, ist vermutlich der Ball. Ballspielen macht Spaß, bietet Abwechslung, schult das Reaktionsvermögen und stimuliert Motorik und Sinne.

Materialien für kreative Aktivitäten und zum «Konstruieren» sind ebenfalls wichtig. Farben, Lehm, Sand zum Beispiel – mit ihnen kann ein Kind sich frei entfalten und ausdrücken. In die Sparte schöpferisches Spielzeug gehören auch die LEGO Produkte. Sie sind ein kreatives Grundmaterial zur Entwicklung von Phantasie, Kreativität und Schaffensdrang. Ihre Grundidee: Dem Kind wird niemals etwas «Fertiges» angeboten, sondern Elemente, die sich leicht zusammensetzen und wieder auseinandernehmen lassen und mit denen es sich sein eigenes Spielzeug erfinden kann. Es gibt dabei unendlich viele Möglichkeiten, zu kombinieren, aufzubauen, zu ändern und abzureißen.

Das Sortiment ist zwar in Produktprogramme und -linien aufgeteilt, aber alle zusammen fließen in das LEGO Universum ein. Mit den Produkten kann man viele verschiedene Elemente in vollkommen freier und individueller Weise zusammen- und wieder auseinanderbauen. Ein Kind wächst so ganz langsam in die LEGO Spielwelt hinein. Mit der Zeit behält es selbst bei komplizierten Modellen den Überblick und entwickelt in einem kreativen Prozeß neue, eigene Konstruktionen.

Seit Mitte der fünfziger Jahre wurden bis heute über 2000 Elemente entwickelt. Sie lassen sich in vier Hauptgruppen aufteilen: Grundelemente, Dekorationselemente, Funktionselemente und Figuren.

Die kunterbunte Palette aus Billund deckt die ganze Kindheit ab.

Bereits mit sechs Monaten fangen Babys mit LEGO PRIMO Elementen an, danach spielen sie mit den verschiedenen LEGO DUPLO und LEGO SYSTEM Produktlinien weiter, bis sie 14 bis 16 Jahre alt sind. Als Teens machen sie sich daran, mit den LEGO TECHNIC Produkten komplizierte technische Zusammenhänge zu erforschen. Mit LEGO TECHNIC CyberSpace und LEGO MINDSTORMS Produkten beziehen Kinder ab 11 Jahren Computer, Software und Robotertechnik in ihr Spiel und damit auch in ihr Lernen mit ein.

Eines scheint die LEGO Gruppe allerdings noch nicht ganz geschafft zu haben: Godtfred Kirk Christiansens Vorgabe vom «gleichberechtigten» Spielzeug für Jungen und Mädchen in die Realität umzusetzen. LEGO Kästen sind jedenfalls noch immer ein überwiegend «männliches» Spielzeug.

Kinder gehorchen ihren eigenen Gesetzen. Viele Mädchen besitzen als Kleinkinder zwar auch DUPLO und LEGO Kästen und spielen hingebungsvoll damit, aber im Alter von fünf, sechs Jahren verlieren sie zusehends das Interesse daran. Vielleicht auch deshalb, weil der Nachschub ausbleibt. Kleine Mädchen bekommen von der Verwandtschaft zu Weihnachten und zum Geburtstag kein LEGO Spielzeug mehr geschenkt.

So sieht es jedenfalls Professor Hans Veijleskov, Entwicklungspsychologe an der Dänischen Lehrerschule. Er gibt Eltern und Großeltern mit die Schuld daran, daß das «Noppen» nie zum bevorzugten Zeitvertreib für Mädchen wurde. Wochenlang beobachtete er das Spiel von Kindern anhand von Videoaufnahmen. Seine Schlußfolgerung lautet: «Auch kleine Mädchen spielen gern mit Bausteinen. Doch Eltern und Großeltern berauben sie dieser Möglichkeit, indem sie fast nur Jungen die Kästen schenken, weil sie meinen, Klötze seien kein Spielzeug für kleine Mädchen.» Noch mehr als in Europa gilt das für die neuen, boomenden Märkte, die Länder in Asien und Afrika, in denen die Gleichberechtigung und Gleichbehandlung der Geschlechter noch längst nicht Realität ist.

Die SCALA Bijouterie war von 1979 bis 1981 auf dem Markt

Dabei brauchen kleine Damen nach Meinung von Hans Veijleskov ganz dringend Klötzchen, um eben mit den Jungen Schritt halten zu können. Im Spiel mit den bunten Steinen werden nämlich ihm zufolge Motorik und räumliche Vorstellungskraft entwickelt, darüber hinaus auch die kindliche Begriffswelt erweitert und das Denkvermögen geschult. Hans Veijleskov geht sogar noch weiter: «Sollte dieser Umstand dafür verantwortlich sein, warum Frauen in bezug auf Macht und Status in weiten Teilen der Welt noch nicht dieselbe Stellung in der Gesellschaft haben wie Männer? Höchste Zeit, daß Eltern Mädchen mit Steinchen spielen lassen, damit es der nächsten Frauengeneration besser geht.» Mit anderen Worten also: LEGO Steine machen aus kleinen Mädchen starke Frauen!

Allerdings läßt sich nicht leugnen, daß Mädchen auch ohne elterliche Bevormundung ab vier, fünf Jahren ihr Interesse an anderem Spielzeug, z. B. an Puppen, und vor allem an Kleidung entdecken.
Spielzeugforscher Jørn Martin Steenhold aus der LEGO Abteilung «Global Marketing Research» in Billund lieferte die wohl

gründlichste Untersuchung, warum Mädchen nicht soviel, und wenn, dann viel kürzer, mit Klötzchen spielen als Jungen. In seinem Bericht schreibt er: «Die jetzige Elterngeneration wuchs in einer Zeit auf, in der Eltern und Pädagogen im Namen der Gleichberechtigung geschlechtsspezifisches Verhalten bekämpften. Um so mehr wundern sie sich heute, wenn ihre Kinder sich so deutlich als Jungen oder Mädchen outen.»

Immer wieder hört man von Müttern angesichts ihrer betont feminin auftretenden Tochter: Von mir hat sie das nicht. Dasselbe gilt für kleine Jungen, die aus ihren LEGO Steinen Pistolen basteln. Woher kommt diese Aggressivität? Das können Eltern überhaupt nicht verstehen. Haben sie ihre Kinder doch im Geiste des Pazifismus erzogen.

Woher hat ein Kind maskuline oder feminine Eigenschaften? Verhaltensforscher diskutieren diese Frage seit Jahren, ohne sich einigen zu können. Lange glaubte man, Kinder würden von Eltern und Umwelt geprägt. Geschlechtsspezifisches Verhalten sei psychologisch und soziologisch zu erklären. Heute verweisen Forscher auf eher biologisch bedingte Verhaltensweisen. Im Zusammenspiel von Erbanlagen und Milieu wird die Rolle der Gene immer stärker hervorgehoben. Viele Eltern erziehen ihre Kinder bewußt geschlechtsneutral, um sie nicht in das übliche Rollenspiel zu zwingen. Mädchen sind heute lauter und aggressiver als noch vor Jahren. Jungen dürfen still sitzen, malen, mit Puppen spielen, ohne deshalb gleich als mädchenhaft zu gelten. Doch selbst eine neutrale Erziehung ändert nichts daran, daß Kinder Mädchen- oder Jungenspielzeug bevorzugen. Jørn Martin Steenhold weiter: «Wie wir sie auch erziehen, Mädchen und Jungen werden nie in der gleichen Weise spielen. Auch wenn wir ihnen identische Spielsachen geben. Alles andere wäre gegen ihre Natur.»

Mädchen bauen sorgfältig eher flache, offene Bauten aus wenigen Steinen. Sie lieben mit Tischen, Stühlen und Betten eingerichtete Wohnhäuser. Jungen neigen zu hohen, massiven und großen

Bauten aus möglichst vielen Steinen. Sie konstruieren gern Türme, die sie dann umstürzen. Oder sie konstruieren eine Kreuzung, auf der Autos zusammenstoßen.

Mädchen kreieren Interieure, Jungen Exterieure. Mädchen zäunen ein, gestalten Szenerien für das menschliche Miteinander. Jungen ziehen Spannung und Dramatik vor. Sie messen die Wirklichkeit an ihrer eigenen Phantasie. Ein Bedürfnis, das sie mit Bauklötzen ausleben. Mädchen bevorzugen das ruhige, soziale Spiel, Jungen das herausfordernde und erforschende Action-Spiel. Mädchen interessieren sich mehr für die zwischenmenschlichen Beziehungen, die sie mit Puppen durchspielen und einüben können. Deshalb bevölkern sie die Spielszene gerne mit realen und erfundenen Gestalten und spielen vertraute Situationen durch: Mutter kümmert sich um das Baby. Vater sieht fern. Das Mädchen striegelt sein Pferd. Auf dem Spielplatz ärgern Jungen die Mädchen und so weiter. Vorbilder, Modelle für ihre Spielwelt holen Mädchen weit mehr als Jungen aus ihrem nahen Umfeld, der Familie bzw. anderen Lebensbereichen. Daraus entwickeln sie ihre Phantasien und Rollenspiele.

Mädchen lieben relativ große und möglichst realistische Figuren, mit denen sie sich identifizieren können. Dazu gehören passende, möglichst wirklichkeitsgetreue Zubehörteile. Mädchen spielen zwar auch mit LEGO Steinen, sie sind aber nur selten ihr Lieblingsspielzeug.

Markante Unterschiede ergeben sich auch bei der Organisation des Spieles: Mädchen spielen am liebsten mit einer oder zwei vertrauten Freundinnen. Jungen ziehen die Clique vor. Mädchen finden zusammen, indem sie einander anerkennen und bestätigen. Jungen müssen bestimmte Dinge können, um Bewunderung zu ernten und in die Gruppe aufgenommen zu werden. Mädchen finden im gemeinsamen Gespräch heraus, was sie machen wollen. Jungen organisieren sich hierarchisch. Sie brauchen Anführer.

Bei Mädchen heißt das Thema Nummer eins immer: Lieben und

geliebt werden. Sie träumen sich in eine schöne, gute Welt, wo alles möglich ist. Bei Jungen geht es in erster Linie um Leistung: Man muß etwas können. In ihrer Phantasie sehen Jungen sich als Eroberer. Sie berauschen sich an der Ästhetik des Sieges.

Bereits im frühen Alter von 18 Monaten werden Kinder sich ihres Geschlechts bewußt. Die LEGO Gruppe trachtet nun in ihrer Produktentwicklung konsequent, dem geschlechtsspezifischen Unterschied Rechnung zu tragen. Die SCALA Bijouterie Linie (siehe Abb. S. 111), die 1979 auf den Markt gebracht wurde, war ein erster Versuch, die wichtige Zielgruppe der Mädchen mit einem spezifischen Produkt zu erreichen. Kleine Mädchen konnten sich Ketten und Broschen aus Kunststoff selbst zusammensetzen. Doch die kleinen Damen waren von der Idee nicht so begeistert. Das Schmuckprogramm verschwand wieder vom Markt.

Mit dem PARADISA Set, einer tropischen Urlaubsidylle, zielte man im Februar 1992 wiederum auf dieses Konsumentenreservoir. Die nächste Phase folgte im Jahr 1994 mit dem Programm LEGO SYSTEM Belville, das wiederum auf den Erkenntnissen langfristiger entwicklungspsychologischer Forschungsarbeit aufbaute. Alle Beobachtungen über das Spielverhalten kleiner Mädchen fanden Berücksichtigung. Ihre Vorliebe für das Rollenspiel, für weiche Formen, sanfte Farben, realistisch nachgebildete Figuren und – last not least – für ein wenig Glamour.

Die vier LEGO SYSTEM Belville Sets von 1994 begeisterten Mädchen zwischen fünf und zwölf mit einem Ponyreitstall, einem zweistöckigen, detailgetreuen Traumhaus mit Freilandpool, einem Spielplatz und einem vollständig eingerichteten Kinderschlafzimmer, in dem vom Wickeltisch und der Wiege bis zu Bilderbuch und Trinkflasche alles vorhanden war, was kleine Mütter zur Babypflege eben brauchen.

Auf LEGO SYSTEM Belville folgte schließlich 1997 die LEGO SCALA Linie, die an den Namen der SCALA Bijouterie von 1979 anknüpfte. Die war zwar bereits 1981 vom Markt genommen wor-

114

den, der alte Name aber beweist: Die LEGO Marketing-Strategen lassen nicht locker. Die Zielgruppe «Mädchen» bleibt weiterhin in ihrem Visier.

Bei der LEGO SCALA Linie handelte es sich um ein vollkommen neues «Puppenumfeld». Besonderes Augenmerk wurde auf den Systemcharakter, die Konstruktionsschnelligkeit, die Vielfalt von Interieurs und Designs sowie auf Detailreichtum und Lebensechtheit der Figuren gerichtet.

Mit dem LEGO SCALA Programm beschritt die Gruppe in mehr als einer Hinsicht neue Wege: Die Produktentwickler dachten sich neue Blumennoppen aus, von denen jede sich mit einem traditionellen Viererstein zusammenfügen läßt. Sie machten auch den Entwicklungssprung von den herkömmlichen LEGO Figuren zu regelrechten Puppen mit Haaren und wagten sich darüber hinaus auch an Design und Verarbeitung von echten Textilien.

Die Entwicklung der Produktlinie begleiteten nicht weniger als 32 Konsumententests, die das grundlegende Produktkonzept ebenso wie die diversen Designs bewerten sollten. Parallel dazu wurden Spieletests durchgeführt, die den Entwicklern wiederum Aufschlüsse darüber gewährten, wie z. B. fünfjährige oder siebenjährige Mädchen spielten.

Die Produktentwicklung vollzog sich unter strenger Geheimhaltung: So durfte der Entwicklungsbereich von Unbeteiligten nicht betreten werden. In der LEGO Engineering Abteilung wurde eine eigene Arbeitsgruppe gebildet, die sich exklusiv mit dem LEGO SCALA Projekt befaßte.

Am Ende wurde dem Spielwarenhandel ein völlig neues Spielzeugprodukt präsentiert. Die Erfinder bei LEGO Futura hatten das Programm zwar als Konstruktionsspielzeug konstruiert. Doch die wirklichkeitsnahen Figuren – Vater, Mutter, verschieden große Kinder, bis auf den Vater alle mit kämmbaren Haaren – sind auf Rollen und Charaktere angelegt. Mädchen wird nicht nur ein hübsches Puppenhaus geboten, sondern auch verschiedene Möglichkeiten zu Rollenspielen – eine Multifunktionalität, mit der kein anderes Produkt konkurrieren konnte.

Bestechend ist bei LEGO SCALA und LEGO SYSTEM Belville die liebevolle Detailtreue, wie sie auch für LEGOLAND Parks typisch ist. Wohn-Accessoires sind realistisch nachgeahmt, von Fön und Wäscheklammer bis zum Babynachttopf. Die Frauen sind zwar ein Barbie-Verschnitt, aber ein knuddeliger – ohne spitzen Busen, Glitter, Glanz und allzu verschwenderischen Glamour. Statt des flotten, windigen Kim gibt es einen fürsorglichen, sehr dänisch dreinschauenden Papi. Alles in einem. Ein Spielzeug also, das es eigentlich verdient, von Eltern gekauft und von Kindern geliebt zu werden. Die Ergebnisse der Testverkäufe im Jahr 1997, als die LEGO SCALA Produkte in sechs europäischen Ländern auf den Markt gebracht wurden, erfüllten die Erwartungen des Konzerns dennoch nicht. Das soll nun der Relaunch, der 1998 gestartet wurde.

Vorläufig scheint die Zielgruppe, Millionen kleiner Mädchen, noch die glamourösere Konkurrenz zu wählen. Auch wenn bekannte Kinderpsychologen im Auftrag des Herstellers dem Programm bescheinigen, es sei «pädagogisch überaus wertvoll»: Wie Millionen Mütter, die beim Staubsaugen und Windelwechseln gierig Storys aus der großen, weiten, einerseits unerreichbaren, andererseits aber doch so tröstlichen Welt der Reichen und Schönen verschlingen, goutieren kleine Mädchen Barbies und Kims realitätsfernen Glanz und Glamour einstweilen mehr als die biedere Hausmannskost von LEGO SCALA.

Die LEGO Menschen ○

Billunds Designer, Futuristen, Juristen

Grob geschätzt, gibt es auf der Erde 300 Millionen LEGO Designer, Kinder und Erwachsene zusammengenommen, und alle erfinden ständig neue Bauvarianten. Das Häufchen professioneller Designer in den weltweiten Werkstätten nimmt sich dagegen fast mickerig aus. Rund 300 Männer und Frauen werden in Billund und anderswo – in Kopenhagen, Boston, Tokio, Mailand und London – dafür bezahlt, daß sie den ganzen Tag kreativ mit den Klötzchen spielen.

Für Kinder und alle, die süchtig nach den Klötzchen sind, dürfte der Beruf eines LEGO Designers oder Modellbauers der Traumjob schlechthin sein. Einer Arbeit nachgehen, die wie Spiel aussieht, in den wie überdimensionale Kinderzimmer ausgestatteten Werkstätten bauen können, ohne daß einem jemals die Steinchen ausgehen – wer träumte nicht davon?

Die Erfinder unzähliger phantastischer Figuren sind in der Tat eine Klasse für sich: Sie kommen aus den sonderbarsten Berufen – studierte Architekten sind die wenigsten von ihnen –, aber sie haben alle eines gemeinsam: Diese Menschen waren schon als Kinder begeisterte LEGO Bastler. Bezeichnend ist auch, daß drei von vier Chefdesignern Autodidakten sind, ein weiteres Beispiel dafür, daß die Firma nicht an starren Strukturen hängt. Leo Leth, langjähriger LEGOLAND Chefdesigner, begann z. B. – eine typische LEGO Karriere – als Kellner im Restaurant des Freizeitparks. Eine typische LEGO Karriere machte auch die große alte Dame von Billund, die Designerin Dagny Holm. Die passionierte Zigarrenrau-

117

Topdesignerin Dagny Holm – eine Cousine von GKC – hinter einem ihrer Modelle, einer norwegischen Stabkirche, 1968

cherin entwarf in der Gründungsphase die meisten Modelle für den Freizeitpark, auch vollständige Landschaften. Nach ihrer Pensionierung wurde sie dann zur Aussteigerin. Statt zu bauen, widmete sie sich nur noch ihrem alten Hobby, dem Töpfern. Die immer technischeren Varianten, vom Raumschiff bis zum Computer, hätten ihr zuletzt den Spaß am Bauen verdorben, meinte sie in einem Interview.

Wie aber wird man Designer oder auch Modellbauer? Ein spezifisches Berufsbild gibt es nicht, man muß allerdings Spaß am Basteln haben und darüber hinaus natürlich auch Talent besitzen und Fingerfertigkeit mitbringen. Designerfahrung im dreidimensionalen Gestalten von Modellen, Räumen, Produkten wird als selbstverständlich vorausgesetzt. Architekten, Ingenieure und Kunsthandwerker bringen durch ihre Vorbildung gute Chancen mit. Dennoch ist bei Neueinstellungen ein Kreativitätstest das entscheidende Kriterium. Vom grenzenlos freien Bauen kann allerdings keine Rede sein, denn Modellproduktion ist Präzisionsarbeit nach genauer Vorgabe. Stechuhren rufen dem «Spielenden» in Erinnerung, daß die «Spielzeiten» eines Achtstundentages auch eingehalten werden wollen.

Entsprechend den besonderen Anforderungen gibt es in der Modellwerkstatt drei Bereiche: Miniland, Shows & Rides (Ausstellungen und Aktivitäten) und Animation. Für die Bauten des Minilands – das Herz eines LEGOLAND Parks – braucht man einen ausgesprochenen Sinn für Details. Im Bereich «Shows & Rides» steht die Phantasie im Vordergrund, in der Animationsabteilung das technische Können zur Konstruktion von elektrischen Anordnungen und Steuerungen für vielfältige Bewegungsabläufe.

Bewerber gibt es genug. Zum Bewerbungstest gehört ein Modell, das innerhalb von 45 Minuten entworfen und gebaut werden muß. Auf dieser Grundlage erhalten alle Bewerber eine zusätzliche Ausbildung im Bauen mit Steinen. Erste Aufgabe: eine Kugel aus den Klötzchen bauen. Das ist wesentlich kniffliger, als man meint. Da haben die Auftraggeber schon die unglaublichsten Lösungen gesehen. Im Bereich «Shows & Rides» werden Modellbauer gebraucht, um den Figuren Köpfe mit lustigen und realitätsnahen Gesichtern zu verpassen, die «den Betrachter vom Hocker reißen».

Doch auch im Computerzeitalter will man nicht auf das Arbeiten mit Papier und Bleistift verzichten. Modellbau-Instrukteur Henrik Lykke berichtet: «Wir verwenden ein spezielles Millimeterpapier, auf dem jedes Viereck ein Element darstellt. Ist die Zeichnung fertig, braucht man die Steine nur noch in der richtigen Reihenfolge zusammenzustecken, wie beim Bauen nach Bauanleitung.» Hauptaufgabe der Designer sind Auftragsarbeiten für die diversen Parks. Ob ein historisch korrektes Pub-Schild für Windsor, ein Porträt der Queen oder ein Denkmal von Sitting Bull, dem

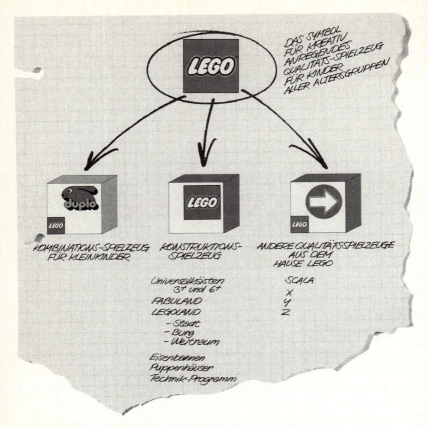

1978 führte Kjeld Kirk Kristiansen das «System im System» ein

großen Indianerhäuptling, entstehen soll, als Vorlage dient meistens eine Skizze auf Papier. Material für das Großraster sind flache Steine, zum Teil in Farben, die nicht im Handel sind, wie zum Beispiel eine Sandfarbe.

Beim Bauen greifen die Entwerfer auf derzeit weit über 2 000 verschiedene Elemente zurück. Das schließt mit den millionenfachen Kombi-Möglichkeiten des Sechsersteins Wiederholungen aus. Damit es auch bestimmt nicht zu langweilig wird, erfinden die einfallsreichen LEGO Designer ständig neue Produkte. Berge von bunten Steinen werden zunächst skizziert, auf dem Computer zur Reife gebracht und zu Dioramen, Skulpturen und Wandbildern zusammengepuzzelt. Eine aberwitzige Fleiß- und Phantasieaufgabe, die multimedial nochmals verfeinert wird.

Neue Modelle entstehen in wenigstens zwei Exemplaren. Eines zum Ausprobieren und eines, das zusammengeklebt wird. Die professionellen Bastler schummeln ein wenig: Wo Puristen sonst nur Steckverbindungen gelten lassen, kleben sie. Sämtliche Modelle werden geleimt, damit sie den Belastungen von Wind und Wetter, dem Transport, den vielen tastenden Kinderhänden standhalten. Aber auch das Kleben will gelernt sein, denn kein Klebstoff darf auf die sichtbare Seite der Steine gelangen, weil dadurch Verfärbungen entstehen könnten. In den Werkstätten eröffnen zahlreiche Torsi Einblicke in das Innenleben großer Figuren, die sich nicht allein auf Klemmkraft und Klebstoff stützen, sondern noch zusätzlich von Metallstangen verstärkt werden.

Neben klar definierten Aufträgen haben die Produktentwickler natürlich auch die Freiheit, selbständig Modelle zu kreieren und rein nach der Phantasie zu arbeiten.

Zu den Highlights, die in den Werkstätten geschaffen wurden und in der internationalen Presse für Schlagzeilen sorgten, zählte der LEGO Bolide, das größte Auto, das je aus Steinen gebaut wurde. Sein Vorbild ist ein 1994 lanciertes Spielmodell aus dem LEGO TECHNIC Programm. Zutaten: 650 000 Bausteine und an die 6 000 Arbeitsstunden. Designer und Techniker kreierten ein Auto von 4,75 Metern Länge, 2,30 Metern Breite und 1 000 Kilogramm Gewicht. Präsentiert z. B. auf der AAA 94 in Berlin, steht es seither als größtes und raffiniertestes Spielzeugauto der Welt im Guinness-Buch der Rekorde.

Sämtliche Details und Finessen des Zwergs sind auch im Riesen enthalten: längsseits eingebauter V-8-Motor, Mittelmotor, Doppelauspuff und Kettenantrieb, zentrales Differentialgetriebe, permanenter Allradantrieb mit vier Vorwärtsgängen, Räder mit richtigen Reifen und doppelter Schraubenfederung, Schlafaugen, einstellbare Seitenspiegel.

Einer der amüsantesten Beweise für die Kreativität der Profibastler ist die Wanderausstellung «Die Spur der Pharaonen», die in Europa, Kanada und Mexiko die großen, ungeheuer erfolgreichen Ägypten-Ausstellungen der letzten Jahre ergänzte: 8 Millionen Steine, zusammengefügt in Tausenden Arbeitsstunden.

Dank dieser Ausstellung gelang es zum ersten Mal überzeugend, buntes, quirliges Leben in die erstarrte Museumswelt zu bringen. Museen mit ägyptischen Sammlungen, wie zum Beispiel das Ägyptische Museum in Berlin, gleichen mit ihren dunklen Räumen, Sarkophagen und imposanten Steinreliefs riesigen Grabkammern, in denen man kaum zu flüstern wagt.

Die Begleitausstellung lud Kinder ein in die «Zeit, als die Sphinx noch ihre Nase besaß». Detailverliebt wurden riesige Mengen von Buntsteinen zusammengefügt, multimedial nochmals verfeinert und darüber hinaus akustisch aufbereitet. Das piepst, grunzt, schreit, ruft, krächzt oder flötet um die Wette, so wie man sich das Leben in Alt-Ägypten immer vorgestellt hat. Auf Knopfdruck hebt das Nilpferd sich aus den Fluten. Die Dienerin krault die Katze am Kopf. Der Steinmetz haut mit seinem Meißel. Texttafeln folgen der Spur der Steine. Die begleitenden Informationen sind ebenfalls knapp und kindgerecht. Beispiel: «Die Bauern hatten großen Respekt vor ihren Vorgesetzten.» Auf diese Weise locken die Steinchen Tausende von Besuchern an, die sonst nie ein Museum von innen sehen würden.

LEGO Futura: Die «Brahmanen» von Billund

Marketing-Spezialisten von LEGO A/S in Billund legen jährlich mehrere hunderttausend Kilometer zurück, um herauszufinden, was für die Firma am besten, sprich am gewinnträchtigsten ist. So versuchten sie etwa, möglichst genau zu erkunden, mit welcher Idee man auf dem schwierigen amerikanischen Markt Fuß fassen konnte. Seit 1961 werden LEGO Produkte in Nordamerika abgesetzt, wobei der Vertrieb über eine Kooperation mit der Firma Samsonite abgewickelt wurde. Im Jahr 1973, nachdem man eine eigene Vertriebsgesellschaft in den USA errichtet hatte, startete man einen Relaunch.

1983 kam es zuerst zu einer Co-Promotion mit McDonald's. Man tat sich mit deren Werbeleuten zusammen. Jeder Junior, der zu seinem Hamburger noch zusätzlich Pommes und Coca bestellte, bekam ein Tütchen mit 18 Steinchen dazu. Zum «Schutzpreis» von 55 Cent. Woche für Woche wurde der Inhalt der Säckchen verändert und damit nicht nur der Appetit auf mehr Hamburger angeregt, sondern auch die Lust auf mehr Steinchen geweckt. Seit eine halbe Milliarde Steine so zwischen Boston und San Diego verstreut wurden, ist die LEGO Gruppe auch in der neuen Welt nachhaltig bekannt. Und damit ihr Bekanntheitsgrad noch weiter steigt, dafür wird der neue LEGOLAND Park in Carlsbad / Kalifornien sorgen.

Monat für Monat wirft der Spielzeug-Multi neue oder verbesserte Produkte auf den Markt, ausgebrütet in der Abteilung «LEGO Futura», dem Gehirn des Weltkonzerns, die aus 300 Spezialisten besteht. Anfangs, in den sechziger Jahren, bastelte eine kleine Gruppe kreativer Köpfe mit GKC oft im Hobbyraum seines Hauses. Neue Produktideen wurden stets bei unzähligen Kannen Kaffee und Zigarren gemeinsam mit Mr. LEGO erdacht und ausgetüftelt. Relativ spät erst wurde ein Produktentwicklungschef eingestellt und eine richtige Entwicklungsabteilung installiert: LEGO Futura.

Vom Einfallsreichtum und Umsetzungsvermögen der Futura-Spezialisten, die, fernab der Fertigungshallen, zu Teams zusammengeschlossen sind und in oft jahrelanger Arbeit versuchen, die Ergebnisse der Einzeltests in neue Produkte umzusetzen, lebt das ganze Unternehmen. Die Phantasie der Entwickler ist ständig gefordert. Im Schnitt hatte LEGO Futura vor einigen Jahren noch einen jährlichen Output von etwa 100 Neuheiten mit rund 100 neuen Elementen (verschiedene Farb- und Dekorationsvarianten nicht mitgerechnet). Heute sind es bereits viel mehr. Doch das ist nur die Spitze des Eisbergs, nämlich die endgültige Auswahl aus einer unübersehbaren Fülle an verworfenen Skizzen und Prototypen. Kein Wunder also, daß Billunds «Futuristen», die sich selbst als «die Kreativen» bezeichnen, beinahe so etwas wie eine Brahmanen-Kaste sind.

Einem Großteil der Beschäftigten ist der Eintritt in die LEGO Futura Abteilung nicht gestattet, gilt es doch, Produktneuheiten vor möglichen Werkspionen zu schützen. Bisher hatten solche allerdings wenig Glück – Nachahmer mußten sich auf das fertige Produkt beschränken.

Kämpfer gegen Noppen-Fälscher: LEGO Juristen

Auf Schautafeln an den Wänden der Rechtsabteilung der LEGO Gruppe wird das Wort «Stein» akribisch genau erläutert. Denn «Stein» ist ein weiter Begriff, man braucht nicht unbedingt die Klötzchen plump nachzuahmen, um eine Kopiermöglichkeit zu finden. Das läßt sich in vielfältiger Weise machen, ohne daß es sich um eine regelrechte «Kopie» handelt. Deshalb leisteten diese Tafeln schon in so manchem internationalen Gerichtssaal gute Dienste und konnten etliche Richter davon überzeugen, daß für die Firma tatsächlich eine Verletzung ihrer Warenschutzrechte durch freche Nachahmer vorlag.

Nur wenigen ist bekannt, daß das Ur-Gestein längst keinen Patentschutz mehr genießt! Die von GKC in Kopenhagen angemeldeten Patente, die der Firma lange ihren herausragenden Marktvorsprung garantierten, sind bereits ausgelaufen, denn in den meisten Ländern, Dänemark inklusive, ist Patentschutz nur 20 Jahre gültig. Danach wird jede Erfindung zum Allgemeingut. Deshalb ist der Konzern heute beinhartem Wettbewerb ausgesetzt. Nachahmungsversuche können nur noch unter Hinweis auf unlauteren Wettbewerb unterbunden werden.

Um sich damit vor Gericht durchzusetzen, sind umfassende Vorbereitungen nötig. Zuerst ist zu klären, ob ein komplettes Sortiment, ob einzelne Kästen, Elemente oder Bauanleitungen kopiert wurden. Welche Vergleichsgrundlage gibt es? Handelt es sich um ein plattes Plagiat? Oder um «Inspiration»? Auf welche Rechte kann sich die Firma berufen? Knifflige Fragen! Die Antwort fällt von Land zu Land verschieden aus. Eine international einheitliche Rechtsprechung gibt es nicht.

Heutzutage machen Plagiate, Nachahmungen begehrter Originalprodukte, den Urhebern des Originaldesigns zunehmend zu schaffen. Das gilt für Uhren, Moden, Medikamente und LEGO Produkte. Ihre Einmaligkeit ist aber das größte Kapital der LEGO Gruppe, und um sie zu schützen, unterhält der Spielzeugriese eine der größten Rechtsabteilungen in Dänemark. Neun Volljuristen arbeiten dort mit einem Netzwerk von externen Juristen zusammen. Ihre Gebiete umfassen Gebrauchsmuster- und Copyright-Schutz, «Verletzungen» der rechtlichen Schutzbestimmungen von Gebrauchsmustern und Warenzeichen, Patentschutz, aber auch Versicherungen und Wettbewerbsrecht. Wenn sie auf Nachahmungen stoßen, entwickeln Mitarbeiter ein ausgesprochenes «Wir und unser Produkt»-Gefühl. Launig für die Firmenzeitung aufbereitet, liest sich ein solcher Fall dann so: «Auf einer seiner vielen Reisen in

125

die weite Welt – diesmal nach London – machte Kenny Daugaard von der Billunder Modellgruppe große Augen. Mitten im Londoner Gewimmel entdeckte er einen Herrn, genauer eine Jacke mit dem LEGO Logo. Nein, da stand ja REDO! Ansonsten war das Logo vom farblichen und graphischen Eindruck her fast identisch mit unserem. Kenny machte Klick mit der Kamera und schickte den Film nach Billund.»

Die Rechtsabteilung wurde schnell fündig. Eine kleine Firma bot in einem Szene-Blättchen Taschen aus buntem Noppenstoff mit dem zum Verwechseln ähnlichen Schriftzug REDO an. Fazit: «Unsere Juristen machten die Firma auf die Verletzung unserer Warenzeichenrechte aufmerksam. Inzwischen einigte man sich darauf, daß die Firma Waren mit dem REDO Logo weder produziert noch importiert noch verkauft. Das Restlager wurde unseren Juristen übertragen. Die Kosten des Verfahrens übernahm die Firma (die englische, wohlgemerkt).»

Seit den sechziger Jahren tauchen in allen möglichen Ländern immer neue Kopien auf. Ganze LEGO Kästen inklusive Verpackungsgestaltung und Warenzeichen werden «abgekupfert», besonders die Klötzchen-Grundelemente fanden zahllose Nachahmer. (siehe Farbbildteil)

Äußerlich besteht zwischen Original und Kopie oft kein Unterschied. Sogar die Fachleute in Billund müssen oft ganz genau hingucken, um die Fälschung zu entlarven. Doch die irgendwann zutage tretenden Mängel – mangelhafte Fertigungspräzision, Klemmkraft, Sicherheitsmängel, die lebensgefährlich sein können – werden der Marke angelastet.

Andere Nachahmer «begnügen» sich damit, das LEGO Warenzeichen zu fälschen. Sie verkaufen ihr Produkt dann mit Hinweisen wie «Paßt zu LEGO», «Mit LEGO verbaubar» oder «Vom LEGO Typ». Mit der versprochenen Kompatibilität ist es meistens nicht weit her, oder es klappt überhaupt nicht.

In einigen Fällen strebt man in der Folge eine gerichtliche Entscheidung an, in anderen ist einfach nichts zu machen. Aus der ganzen Welt treffen täglich Schreiben ein, die auf Plagiate hinweisen. Häufig sind es Fans, die irgendwo auf Kopien stoßen. Oft ist die Kopie schwer zu entlarven, die juristische Verfolgung aussichtslos. Taucht irgendwo in Indien ein sonderbar mutierter Noppenstein auf, muß auch die ausgebuffteste Rechtsabteilung passen.

Der erste namhafte große Konkurrent trat 1984 in Gestalt der US-Firma Tyco auf den Plan. Diese warf LEGO Klone namens «Superblocks» auf den Weltmarkt. Die Qualität soll nicht schlecht gewesen sein, bloß die Farben waren greller. Tyco gewann damals etliche Prozesse, verlor aber auch viele.

Auch die «Mini-Micro-Blocks» der kanadischen Firma Ritvik (die zudem noch «Mega-Micro-Blocks» herstellt) sind angeblich vollkommen mit LEGO Steinen kompatibel.

Die Firma Tandem Toys in Taiwan schließlich produziert China-Klone der Klötzchen – gleich groß, fast identische Farben und natürlich viel, viel billiger.

Insgesamt, meinen Experten, steckt die LEGO Gruppe das Plagiatsproblem dank ihrer tüchtigen Juristen gut weg. Verglichen etwa mit dem Computerhersteller IBM, der wegen der Nachahmer einen der verheerendsten Umsatzeinbrüche seiner Unternehmensgeschichte hinnehmen mußte.

«Seriöses Lobbying», meint man, gehöre unbedingt zum Produktschutz. Ein paar Juristen aus Billund arbeiten regelmäßig in wichtigen EU-Kommissionen und Arbeitsgruppen in Brüssel mit. LEGO Juristen findet man in allen nur denkbaren internationalen Gremien der verschiedensten Organisationen und Verbände, in denen es zum Beispiel um das Thema industrielle Schutzrechte geht. Im europäischen «Verband der Markenartikelindustrie» wie in verschiedenen Warenzeichen-Gremien versuchen sie, Entscheidungen zu beeinflussen. Auch die «EU-Richtlinie zur Ausarbeitung von Spielzeugsicherheit» wurde entscheidend von ihnen mitformuliert.

Produktsicherheit ist überhaupt ein eisernes Firmen-Credo, das sich für die LEGO Gruppe zwangsläufig aus der Tatsache ergibt, daß sie Produkte für Kinder erzeugt. Nur die rigorose Beachtung aller erdenklichen Sicherheitsanforderungen gewährleistet das Vertrauen, das Eltern in LEGO Produkte setzen – und vermag letztlich auch vor möglichen Regreßansprüchen prozeßgieriger Schadenersatzanwälte, die sich vor allem in den USA enormen Zulaufs erfreuen, zu schützen. Stein für Stein wird deshalb in Billund akribisch geprüft. LEGO Produkte müssen so beschaffen sein, daß Kinder sie in den Mund stecken und auf ihnen herumkauen können. Sie sind beiß- und reißfest – nahezu unverwüstlich. Ein Firmensprecher drückt es so aus: «Wir erwarten, daß die Bremsen unseres Autos funktionieren. Eltern gehen davon aus, daß sie ihre Kinder mit den Produkten, die sie ihnen kaufen, allein lassen können, ohne daß sie Schaden nehmen. Vorausgesetzt, das Spielzeug wird von Kindern unter normalen Umständen in zu erwartender Weise benutzt.»

Als verborgenes Gefahrenmoment bezeichnet man eine Produkteigenschaft, die wider Erwarten doch noch ein, wenn auch geringes Schadensrisiko in sich birgt. Die Sicherheitstester in Billund nennen das «vorhersehbaren Mißbrauch». Je jünger die Kinder, desto weiter stecken Experten die Grenzen des vorhersehbaren Mißbrauchs. Zusätzlich müssen alle Produkte Tests bestehen, die den «verschärften Gebrauch» bzw. Mißbrauch simulieren: Fallversuch, Verwindungsprüfung, Zug- und Druckversuche, Beißprüfung, Fallgewichtsprüfung.

Doch auch das reicht mitunter nicht. Für den sicherheitsbesessenen Multi wurde gerade der schlimmste aller Alpträume wahr: Die Firma mußte 1998 die erste Rückrufaktion in ihrer Geschichte starten. Bei der «LEGO PRIMO Marienkäferrassel», Artikelnummer 2093, rot mit schwarzen Punkten, scheint trotz aller Sicherheitstests etwas übersehen worden zu sein. Drei Elternpaare schlugen in Billund Alarm. Ihre sechs bis sieben Monate alten

Babys hatten die Rassel tief in den Mund gesteckt und drohten daran zu ersticken. Nur durch schnelles Eingreifen der Erwachsenen konnten die Kleinen gerettet werden. Warum sich die harmlose Rassel in der Praxis als gefährliches Spielzeug entpuppte, kann sich der Hersteller nicht erklären. Ein Firmensprecher sagt dazu: «Dieses Produkt entspricht perfekt unseren eigenen und den internationalen Qualitäts- und Sicherheitsanforderungen. Aber das genügte im vorliegenden Fall nicht.»

Seit März 1997 hatte die LEGO Gruppe 600 000 bis 700 000 der niedlichen Rasseln verkauft. Nicht auszudenken, wenn es zum Beispiel auf dem sensiblen US-Markt zu nur einem einzigen Unglück gekommen wäre. Man reagierte blitzschnell und startete eine gigantische Rückrufaktion. Über die Medien wurden Eltern ausdrücklich davor gewarnt, Babys die Marienkäferrassel weiterhin zum Spielen zu geben. Dem Ansehen der Firma aber scheint die Panne nicht geschadet zu haben, im Gegenteil: Die 30jährige Mutter der knapp zweijährigen Gina sagte anläßlich der Rückrufaktion in Hamburg: «Ich bin eher traurig, daß ich die Rassel zurückgeben muß. Meine Tochter hat immer so gern damit gespielt.»

Das LEGO Universum ○

50 Firmen in 33 Ländern

Am 13. August 1997 feierte die LEGO Gruppe ihren 65. Geburtstag. Sie tat es, indem sie einen Stern im Kleinen Bären (zu dem auch der Polarstern gehört) erwarb und auf den Namen LEGO Stern taufte. Gibt es ein besseres Symbol für den kometenhaften Aufstieg?

Die Stammväter des Konzerns, der Tischler Ole Kirk, der oft nicht wußte, wie er seine große Familie satt kriegen sollte, und sein Sohn Godtfred der Tüftler hätten an diesem Tag voller Zufriedenheit das festliche Gewimmel in Billund beobachtet.

Die Familie Christiansen / Kristiansen ist nach wie vor zu 100 Prozent Eigentümerin des verschachtelten Konzerns. Sie hat ihr Unternehmen in vier Holding-Gesellschaften aufgeteilt. Zwei davon sind in Dänemark, zwei in der Schweiz lokalisiert. Die Schweizer Holding-Gesellschaften haben wiederum insgesamt 22 Tochterfirmen, darunter Umsatz-Giganten wie zum Beispiel LEGO Italien und LEGO USA.

Eine geniale Struktur, die Firmenchef Kristiansen ermöglicht, nur die dänische Hälfte der Bilanzen zu veröffentlichen und nicht mehr Zahlen als unbedingt notwendig öffentlich preiszugeben.

Pressesprecher Peter Ambeck-Madsen erklärte dies mit den Worten: «Daran ist überhaupt nichts Mystisches, das ist keinerlei Geheimniskrämerei, sondern nur vernünftiger Professionalismus. Es gibt für uns doch keinen Grund, unseren Konkurrenten durch Veröffentlichung unserer Zahlen zu helfen.»

Im internationalen LEGO Jahresbericht 1997 wurden dennoch gewisse Gesamt- und Schlüsselzahlen für die LEGO Gruppe veröf-

Ole Kirk (rechts) und GKC besprechen ein Modell im Büro

fentlicht, ferner ein recht detaillierter Jahresrechenschaftsbericht, der für die LEGO A/S Gruppe 1,2 Milliarden Mark Umsatz ausweist. Das in Kopenhagen erscheinende «Börsen Nyhedsmagasin» nimmt an, daß die Firmentöchter sich untereinander nicht nur fleißig mit Bauklötzen versorgen, sondern miteinander auch andere gute Geschäfte machen.

Insgesamt gehörten der Billunder Familie 1997 50 Firmen in 33 Ländern. Die LEGO Fabrikation spielt sich inzwischen auf rund 360 000 Quadratmetern in Dänemark, der Schweiz, den USA, Brasilien und Korea ab.

97 Prozent der Produktion werden außerhalb Dänemarks verkauft, auf ca. 137 Märkten. Am 31. Dezember 1997 arbeiteten laut Jahresbericht weltweit 9 500 Angestellte ganztags für die LEGO Gruppe, davon 4 300 in Dänemark.

Entsprechend hoch wird die Latte der Selbsteinschätzung gelegt.

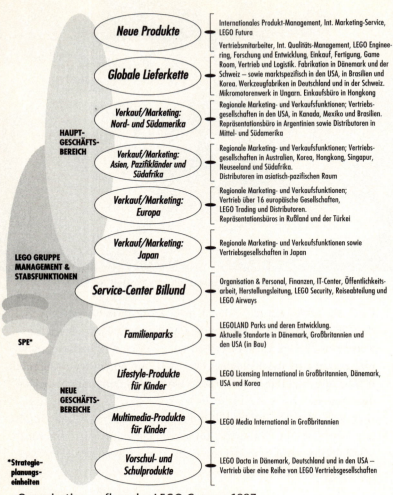

Organisationsaufbau der LEGO Gruppe 1997

Im Firmenbericht von 1997 taucht zum ersten Mal der Begriff «LEGO Universum» auf. Aus diesem Jahres-Fazit geht auch hervor, daß die legendären Steinchen nach wie vor das Hauptprodukt sind und es wohl noch lange Zeit bleiben werden, produzierte man doch 1997 insgesamt 100 Millionen Bauklötze. Angesichts dieser Zahl scheint die in der Süddeutschen Zeitung skizzierte Utopie in beinahe greifbare Nähe gerückt: «Und eines Tages wird sich das selbstformulierte Bestreben der guten Menschen von LEGO erfüllen. Ein jedes Kind der Welt soll einen ganzen Kubikmeter Steine zum Spielen haben.»

Die Billunder Betriebsstrategen richten ihr Augenmerk daher ständig auf neue Umsatz-Galaxien, wie etwa auf weitere LEGO-LAND Parks, jeder individuell nach den kulturellen Vorgaben des jeweiligen Standorts gestaltet, aber jeder mit einem Miniland in seinem Zentrum.

Große Erwartungen setzen sie auch in die digitalen Klötzchen, freilich nicht, ohne dabei zu vergessen, daß die Entwicklungen sowohl des intelligenten LEGO Steins wie auch der LEGOLAND Parks Hunderte Millionen Dollar verschlingen. Diese aufwendigen und extrem teuren Entwicklungen bestreitet die Firma offenbar überwiegend oder ganz aus eigenen Mitteln. Kjeld Kirk Kristiansen erzählt dazu folgende kleine Episode: «In den fünfziger Jahren ging mein Vater zum letzten Mal zur Bank, um sich dort Geld zu leihen. Das hat ihm gar nicht gefallen.» Diese Abneigung scheint der gegenwärtige Konzernherr mit seinem Vater zu teilen.

Alle LEGO Mitarbeiter sind bis heute von einem starken Zugehörigkeitsgefühl zum Unternehmen geprägt. Das frühere freundschaftlich-patriarchalische Verhältnis zwischen Mitarbeitern und Chefs hat sich durch das phänomenale Wachstum natürlich gelockert, doch auch wenn inzwischen alles anonymer, glatter, unpersönlicher läuft, funktioniert die Firma in weiten Bereichen noch wie eine Großfamilie. Zwar sind die Zeiten der freiwilligen gemeinsamen Morgenandachten der Belegschaftsmitglieder, wie sie in den fünfziger und Anfang der sechziger Jahre noch üblich waren, längst vorbei. Doch das «Wir»-Gefühl wird auch heute noch nach außen hin ständig betont. Chefs und Untergebene duzen einander grundsätzlich. Das erklärt sich zunächst auch daraus, daß Dänemark ein Du-Land ist, wobei das dänische Du nichts Anbiederndes hat. Es ist vielmehr kameradschaftlich und solidarisch, kommt von unten. Hinter dem Produkt steht auch heute noch eine typisch dänische Philosophie: Wir, die Hersteller, sind eine hochanständige Familie. Wir wollen gute Bürger sein, wo immer wir uns niederlassen.

In den letzten Jahren taucht auf den internationalen Märkten eine neue unbekannte Größe auf: der «politische Konsument». Das ist ein Verbraucher, der nicht einfach ein Produkt einkauft, sondern sich auch für die Umstände, unter denen es (häufig in der dritten und vierten Welt) produziert wird, interessiert. Kritisch hinterfragt er: Woher kommt die Ware? Wird sie unter Mißachtung des Umweltschutzgedankens fabriziert? Werden im Herstellerland Menschenrechte verletzt? Unter welchen Bedingungen müssen die Menschen dort leben und arbeiten? Anders als viele andere Unternehmen hat die LEGO Gruppe den neuen Verbrauchertyp nie als kurzlebiges Zeitphänomen abgetan, sondern sein Anliegen stets ernst genommen. Kritische Verbraucher, meint man in Billund, sind nicht zu unterschätzen. Über Nacht können durch sie erwiesenermaßen ganze Märkte einbrechen. Angesehene Kirchen- und Menschenrechts-Organisationen sind ihre Speerspitze. Ein einziger globaler Protest gegen die Ausbeutung von Kindern bei der Teppichherstellung – und weltweit wurden keine indischen Teppiche mehr gekauft. Öl-Multi Shell leidet noch immer unter den Folgen des durch die «Affäre Brent Spar» ausgelösten Tankstellen-Boykotts. Turnschuh- und Klamotten-Marken wie NIKE und Reebok brachen ein, als bekannt wurde, daß ihre Subunternehmer, z. B. in indonesischen Fabriken, asiatische «Kulis» ausbeuten.

Durch Boykotte solcher Firmen schafften kritische Konsumenten bereits in vielen Ländern wenn auch minimale Verbesserungen

Kjeld Kirk
Kristiansen mit
LEGO Pfeife

© Per Morten Abrahamsen

der Arbeits- und Lohnbedingungen und vor allem der Arbeitsschutzbestimmungen. 75 % der Amerikaner gaben an, sie hätten schon einmal bestimmte Produkte aus moralischen und ethischen Gründen boykottiert, 70 % würden Kleidungsmarken, die ihre Produkte durch billige Kinderarbeit auf den Markt bringen, nicht kaufen. 60 bis 70 % aller Europäer bezeichnen sich als kritische Endverbraucher. Bei einer Umfrage 1996 meinte die Hälfte aller befragten Dänen, Verbraucher-Waren-Boykotte seien ein gutes Mittel, um politische Ziele durchzusetzen.

Unabhängig von Vereinbarungen der internationalen Spielzeugindustrie in puncto Sicherheit und Arbeitsbedingungen entwickelte die LEGO Gruppe schließlich von sich aus einen eigenen Verhaltens-Kodex. Man kontrolliert die Arbeitsbedingungen ausländischer Geschäftspartner und versucht, sie nach Möglichkeit zu verbessern. Die LEGO Gruppe arbeitet nirgendwo mit Subbetrieben zusammen, die Kinder oder Gefangene für sich schuften lassen. Politische Moral und Geschäft sind bei den heutigen globalen Verflechtungen immer weniger zu trennen, das erkannte die Konzernspitze schon früh.

Dennoch rief 1985 die BUPL (die damals sehr linke dänische Pädagogen-Gewerkschaft) ihre Mitglieder zum Boykott von LEGO Produkten auf, weil der Konzern eine Vertriebsgesellschaft mit 33 Mitarbeitern im noch nicht unabhängigen Apartheidstaat Südafrika unterhielt. Sie forderte die Firma auf, ihre Vertriebsgesellschaft zu schließen. Die LEGO Gruppe aber wollte selbst entscheiden, wie ein Firmensprecher sagte, wo und wie lange sie ihre Produkte verkaufte, solange sie dänische Gesetze befolgte. Ein Jahr später, im Juni 1986, wurde im dänischen Parlament das Gesetz Nr. 228 verabschiedet, das einen Boykott gegen Südafrika vorsah. Die LEGO Gruppe mußte innerhalb von sechs Monaten sämtliche Exporte nach Südafrika abwickeln und innerhalb von 12 Monaten die Außenstelle in Südafrika schließen. 1992 wurde der Boykott aufgehoben, seit 1993 gibt es in Nelson Mandelas Staat wieder eine LEGO Vertriebsgesellschaft.

Auch das dänische Burma-Komitee fragte 1996 in Billund an, wie hoch die LEGO Umsätze in dem totalitär regierten asiatischen Staat seien. Als der Konzern nachwies, daß sein Burma-Markt unbedeutend sei und an eine Expansion nicht gedacht werde, wurde die Firma einstweilen auf die «Beobachtungsliste» des Komitees gesetzt.

Zur LEGO Firmen-Philosophie bei globalen Investitionen gehört «Bürgernähe». Kein Betroffener soll «draußen vor der Tür» bleiben. Bei neuen LEGOLAND Parks vermeiden die Konzernmitarbeiter alles, was die LEGO Gruppe zum unwillkommenen Eindringling, landfressenden, umweltzerstörenden Kultur-Imperialisten, der die Kleinen austrickst und mit den Großen dealt, abstempeln könnte. Das Prinzip der für jeden nachzuvollziehenden «gläsernen Investition» hat die LEGO Gruppe bei den neuen LEGOLAND Parks in Windsor und Carlsbad erfolgreich praktiziert. Lokale Behörden und Anwohner werden gezielt in die Planung mit einbezogen. Einheimische Betriebe können mit guten Aufträgen rechnen. Auf Bürgerversammlungen versuchen Konzernvertreter,

136

Einwände, wie zum Beispiel die von Umweltschützern, zu zerstreuen.

Denn die Gruppe lebt nun einmal von ihrem guten Ruf. Respekt vor dem Kind – und seinen Eltern – prägt trotz aller kaufmännischen Überlegungen noch immer die Firmenphilosophie des Unternehmens. Mehr als 80 Prozent aller Deutschen, fanden die Marktforscher heraus, verbinden mit dem Namen etwas Positives, durch und durch Seriöses, Angenehmes. Auf den übrigen Märkten dürften die Verhältnisse ähnlich liegen. Schon das bloße Vorhandensein eines Knopfs, und sei es nur als Dekoration, läßt Verbraucher von einem LEGO Produkt sprechen.

Die LEGO Gruppe gibt Millionen für Fernsehwerbung aus, dem Paradeinstrumentarium für modernes Marketing. Da sich in der EU Bestrebungen abzeichneten, TV-Werbung für Kinder ganz zu verbieten, veranstaltete man 1996 ein erstes TV-Werbungs-Symposium in Billund. Die Gäste: der Vorsitzende des dänischen Verbraucherberatungsamtes, Politiker, Presseleute, Pädagogen. Das Thema: Verantwortung der TV-Werbung gegenüber Kindern. Denn nach Ansicht der Werbefachleute der LEGO Gruppe ist es sehr wohl möglich, in sachlicher Weise TV-Werbung für Kinder zu machen. Außerdem steht der Konzern auf dem Standpunkt, den ein Firmensprecher wie folgt formuliert: «Wir sehen lieber freiwillige Branchenvereinbarungen als staatliche Verbote.»

Aus Rücksicht auf die Eltern schaffte man in Deutschland eine Telefon-Hotline wieder ab, auf der Kinder witzige Hörspiele und Infos zu LEGO Themen abhören konnten. Die Hotline wurde so stark frequentiert, daß man den Eltern die hohen Telefonkosten nicht zumuten wollte.

Wie subtil LEGO Marktforscher vorgehen, beweist auch das Beispiel, wie die LEGO Gruppe in den achtziger Jahren in den USA mit der Fastfood-Kette McDonald's ins Geschäft kam. Jedes Kind bekam für einen kleinen Aufpreis zu Hamburger und Cola noch ein

Das Cover des Otto-Versand-Testkatalogs (1998) zeigt Modelle der neuen LEGO Lifestyle Produkte

Säckchen mit Steinchen. Die Aktion war außerordentlich erfolgreich und wurde 1994 in McDonald's-Restaurants in mehreren europäischen Ländern wiederholt. Einzige Ausnahme – Deutschland. Die Marktforscher rieten davon ab, weil die Fastfood-Kette in der Bundesrepublik keine so hohe Familienakzeptanz hat wie in anderen Ländern. Ein solcher Deal hätte möglicherweise gute Umsätze gebracht, das Ansehen der LEGO Gruppe aber vielleicht beeinträchtigt. Selbst Eltern, die nichts dagegen haben, ihre Kinder mehrmals in der Woche von McDonald's verpflegen zu lassen, lehnen es offenbar heftig ab, daß ihr Kind dazu Plastiksteinchen serviert bekommt.

Ähnlich konsequent und gründlich gehen die Leute von Billund in allen Belangen vor. Zum Beispiel wurden alte Gußformen dort vor einigen Jahren, um sie zu entsorgen, unter den Zement für die Grundsteine neuer Firmengebäude gemischt. Auf diese Weise konnte man nämlich absolut sichergehen, daß niemand sie wieder benutzte.

Oder wenn es um die konsequente Anwendung des Warenzeichens geht. Dazu gehört auch eine rigide beachtete Schreibregelung, wonach der LEGO Name in Versalien aus dem allgemeinen Text hervorzuheben ist und nie allein, sondern stets vor einem beschreibenden Hauptwort, ohne die Setzung eines Bindestrichs, zu stehen hat. Die genaue Einhaltung der Schreibweise diene, meint man, dem Schutz von Logo, Schutzmarke und Rechten.

Eine mißbräuchliche Anwendung eines eingetragenen LEGO Markenzeichens lag etwa vor, als der polnische Künstler Zbigniew Libera mit LEGO Bausätzen kurzfristig einen Eklat provozierte. Er nahm die Behauptung des Spielzeugherstellers, aus den Klötzchen könne man einfach alles bauen, allzu wörtlich. Die Firmentradition, hin und wieder Künstler für ein Bauvorhaben en miniature zu gewinnen, nutzend, bat er um eine größere Menge Steine, um, wie er in Billund angab, «ein Krankenhaus und einige Häuser» damit zu bauen.

139

Co-Promotion mit hochwertigen Markenherstellern – hier Kellogg's – als wichtige Marketingstrategie

Schließlich baute Libera aus den Steinen mehrere Baracken, Wachtürme und das Krematorium eines Konzentrationslagers und stellte Prügel- und Folterszenen nach. Lageralltag als Kinderspiel. Ein makabres Kunstwerk, jedoch reagierte die Öffentlichkeit keineswegs einhellig geschockt: «Was ist denn verkehrt daran», so ein dänischer Journalist, «wenn auch Kinder so von der Existenz der Vernichtungslager erfahren.» Der Künstler, der zur Zeit des Kriegsrechts in Polen selbst ein Jahr im Gefängnis saß, beteuerte, er habe bei seinem Bauwerk weder an den Holocaust noch an Auschwitz gedacht, sondern wollte nur ein «Lager an sich» darstellen, das überall auf der Welt stehen könnte. Das Baumaterial LEGO Steine habe er gewählt, «weil es ein sehr rationales System ist, und das waren die Konzentrationslager auch».

Gemäß der Ansicht des deutschen Dichters Günther Anders, wonach «der Mensch nicht alles bauen sollte, was zu bauen er imstande ist», erwog man in Billund rechtliche Schritte. «Obwohl wir», so sagte Pressesprecher Ambeck-Madsen damals, «die handwerkliche Präzision, mit der Herr Libera arbeitete, bewunderten. Als polnische Kollegen Ende 1996 die ‹falschen› LEGO SYSTEM Kästen in Warschau ausgestellt sahen, sprachen sie und unser polnischer Rechtsanwalt mit dem Künstler und forderten ihn auf, diese Kästen nie mehr auszustellen.» Der Grund: Zbigniew Libera hatte das LEGO SYSTEM Logo auf den Vorderseiten der sieben Kasten-Objekte angebracht.

Später tauchten die Kästen als Exponate in einer Galerie in Kopenhagen auf. Die LEGO Gruppe unternahm damals nichts, und zwar, wie Ambeck-Madsen sagte, aus Gründen der «künstlerischen Freiheit», aber auch, um «Libera nicht noch mehr Werbung in den Medien zu verschaffen».

Als Zbigniew Libera mit dem makabren Bausatz an der Biennale von Venedig teilnehmen wollte, lehnte der Kurator des Polnischen Pavillons die Arbeit ab. Im «Spiegel» wurde der Pole zitiert: «Das war meine erste und bis jetzt einzige LEGO Arbeit, so was mach ich nicht noch einmal.» Dennoch – der skandalträchtige Klötzchen-Bau machte den bis dahin weitgehend unbekannten polnischen Künstler schlagartig berühmt. Schließlich kaufte das Jewish Museum in New York einen der sieben Bausätze an. Dort ist er seither zu besichtigen.

Um im weltweiten Wettbewerb bestehen zu können, legen die Billunder auch in der Verkaufspolitik strenge Maßstäbe an. So erinnert sich der eine oder andere deutsche Spielwarenhändler noch daran, daß er Konkurrenzprodukte in hintere Ladenabschnitte plazieren mußte, um weiter mit LEGO Produkten beliefert zu werden.

Der Galerist Jens Faurschou, Kopenhagen, mit einem der sieben KZ-Kästen von Zbigniew Libera

Heute allerdings gehen in den früheren Hauptabsatzgebieten die Umsätze für die Kästen zurück. Die jahrzehntelang eisern vorgeschriebene Preisbindung wurde per Gesetz abgeschafft. Jetzt bestimmen Großabnehmer, wo es langgeht. Und sie diktieren – was lange keiner für möglich hielt – auch für LEGO Artikel die Preise. Karstadt in Hamburg zum Beispiel verramscht in seiner Spielwarenabteilung, der größten Europas, regelmäßig LEGO Spielzeug in Sonderaktionen bis zu einem Drittel billiger.

Immer stärker setzt der Konzern beim Verkauf in den Spielzeugabteilungen der Warenhäuser auf einen «LEGO Shop im Shop». Bei der Hamburger Karstadt-Filiale zum Beispiel sind 200 Quadratmeter von insgesamt 2 000 Quadratmetern Fläche ausschließlich für LEGO Artikel reserviert und optisch sichtbar abgegrenzt. Die LEGO SYSTEM Kästen haben mittlerweile auch Gesellschaft bekommen: eine bunte Palette zusätzlicher Artikel, wie eine Frühstücksdose in Form eines knallblauen Achtnoppers, Zahnputzbecher, auf denen DUPLO Männchen marschieren, Kinderregenschirme in Leuchtfarben, ergänzen das Programm. Und KIDS WEAR, hochwertige Kinderkleidung, bunt wie das dänische Spielzeug, ohne Schnickschnack und keineswegs billig. Aus der Werbebroschüre verlautet es: «Tauch ein ins nasse Abenteuer. Wo der Octopus wohnt und die Meerjungfrau schläft, entdeckst du die bunte Welt von LEGO Kids Wear ...»

Die Umsatzflaute auf dem LEGO Kontinent Europa ist mit Sicherheit auf die allgemeine Kaufminderung zurückzuführen. Kinder haben zwar ein Recht auf gutes Spielzeug. Aber in Zeiten, in denen Familien immer mehr ins Hintertreffen geraten, durch drastischen Sozialabbau und rigorose Besteuerung immer stärker benachteiligt werden, wird auch am heißgeliebten LEGO Spielzeug gespart. Ein Vertreter auf einem Europäischen Kongreß zur Aufwertung der Erziehungsarbeit formulierte es einmal sarkastisch: «Es gibt viele Formen, sich zu ruinieren, eine davon ist die Entscheidung für eine mehrköpfige Familie.»

Bis vor kurzem waren Flohmärkte Einkaufsparadiese für Familien mit kleinem Haushaltsbudget, die ihren Kids das kreative Vergnügen mit den Klötzchen nicht vorenthalten wollten. Für so manche Familie werden aber «gebrauchte» Steinchen auch schon unerschwinglich. Neuerdings, klagen junge Väter und Mütter, explodieren auch für LEGO Klötzchen als Secondhand-Ware aufgrund der großen Nachfrage auf den Flohmärkten die Preise.

143

Noppenstein contra Mickey Mouse ○ Die schönen neuen Welten der LEGOLAND Parks

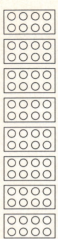

Computerspiele sind nicht alles, womit sich das Unternehmen auf das nächste Jahrtausend vorbereitet. Grund zur Freude machen den Billundern auch die Umsätze ihrer künstlichen Welten wie LEGOLAND Billund: Unentwegt klingeln dort die Kassen. 1997, im dreißigsten Jahr seines Bestehens, wurde der Freizeitpark von 1,4 Millionen Besuchern frequentiert.

Sogenannte Themenparks sind heute die Schrittmacher des Profits im Entertainment-Business. Deshalb will der Konzern in den nächsten Jahren auf der ganzen Welt eine Kette weiterer LEGO-LAND Parks errichten. Alle drei Jahre, so die Vision Kjeld Kirk Kristiansens, soll ab 2000 irgendwo auf dem Globus ein neuer Freizeitpark eröffnet werden.

Gebäude und Attraktionen sind stets in einem Maßstab gebaut, der die Perspektive auch kleinerer Kinder berücksichtigt. Das ausgeklügelte Parkkonzept ist Teil der Unternehmensstrategie, die darauf abzielt, neue Bereiche zu erschließen, die über das reine Spielzeuggeschäft hinausgehen, diesem gleichzeitig aber auch förderlich sind.

Disney World auf dänisch also? Keineswegs. Modellbauten und Vergnügungsparks gibt es genug, aber allen fehlt der spezielle LEGO Touch: jene Mixtur aus Unterhaltung und pädagogischem Anliegen, Kreativität, Spaß, Spiel und Wissensvermittlung, die von den Dänen erfunden wurde.

Außer Unterhaltung bieten LEGOLAND Parks nämlich immer,

und darauf legt der Betreiber Wert, auch pädagogische Aktivitäten. Dieses «Edutainment», die ganz spezifische Mischung aus Education und Entertainment, eine Art unterhaltsame Bildung für Familien und Schulen also, hat den Vorteil, daß der Lerninhalt über alle fünf Sinne erschlossen und so im Gehirn viel unmittelbarer verarbeitet wird. Anders ausgedrückt: Lernen wird zum Erlebnis. Kinder nehmen abstrakte Inhalte am besten auf, wenn sie dabei aktiv sein können.

Der allererste Ableger außerhalb Billunds wurde allerdings ein Flop. Bereits 1973 wurde eine Lizenz für einen LEGOLAND Park an der deutschen Ostseeküste vergeben. Doch Sierksdorf war für Familien mit dem Auto schlecht zu erreichen. Außerdem gehörte der Park nicht der LEGO Gruppe, sondern örtlichen Investoren, die sich mit den Dänen nicht einig werden konnten, wie er betrieben werden sollte. Nach drei Sommern wurde er dichtgemacht. Kurz vor seiner Schließung 1976 erlebte der Freizeitpark seinen Höhepunkt: die Verleihung des Titels Ehrensheriff an den damaligen Kanzlerkandidaten Helmut Kohl.

In allen LEGOLAND Parks – die Urzelle im dänischen Billund, der Park im englischen Windsor und demnächst der Park in Carlsbad, Kalifornien – nimmt man Rücksicht auf landschaftliche und kulturelle Eigenarten des Gastlandes. Jeder Freizeitpark soll sich maßgeschneidert der Region anpassen, in der er angelegt wird.

Kaum hatten sich die Pläne für weitere Parks herumgesprochen, standen die Bewerber Schlange. Um den Standort für den ersten LEGOLAND Park außerhalb Billunds buhlten hundert Orte auf der ganzen Welt. Die als Steuerzahler und Arbeitsplatzbeschaffer überall heißbegehrten Billunder machen ihre endgültige Standortentscheidung ausdrücklich von der Unterstützung und dem Engagement durch einheimische Behörden abhängig, auf die sie auch meistens bauen können. Nach gründlichen, monatelangen Recherchen entschied sich der Konzern schließlich für England. Dort kaufte er den 100 000 Quadratmeter großen, verrotteten «Safari-

Die LEGO Futura Abteilung in Billund

park» in Windsor, 35 Kilometer westlich von London, in unmittelbarer Nachbarschaft zum märchenhaften Schloß Windsor der englischen Königin.

Im März 1996 wurde der neue LEGOLAND Park der Superklasse endlich eröffnet, und schon im Jahr 1997 zählte man 1,3 Millionen Besucher. Die Investitionen dürften sich somit wohl in absehbarer Zukunft rentieren.

Schon bei der Vorbereitung ging man mit gewohnter Präzision vor. Die Erfahrungen von Billund wurden in Windsor umgesetzt und deren Ergebnisse wiederum für weitere Planungen genutzt. Der typische LEGO Stil – lustig, lehrreich, mit vielschichtigen witzigen Szenerien – wird ästhetisch immer mehr perfektioniert und jedes neue Projekt generalstabsmäßig angegangen. In der Modell-Design-Abteilung, LEGOLAND Design, des «Attraction Centre» in Billund puzzeln etwa 100 Angestellte, alle Spezialisten im Miniland-Bau, monatelang daran herum, wie das Gelände gestaltet werden, welche Klötzchen-Bauten und sonstigen Attraktionen in den neuen Parks entstehen sollen. Eng mit den Leuten von der Modellproduktion arbeiten die Techniker von der Animationsabteilung zusammen. Sie sind es, die Leben in die Idee bringen. Durch ihre raffinierte Technik und Computersteuerung können sich Autos, Schiffe und Flugzeuge auch wirklich adäquat fortbewegen.

Die Vorbereitungsarbeit für einen LEGOLAND Park beginnt damit, daß jede Menge Material über das Land gesammelt wird. Die Mitarbeiter treten in Kontakt mit Botschaften und Fremdenverkehrsinstitutionen, grasen Bibliotheken ab, kaufen Bücher, Zeitschriften, Postkarten, suchen nach den besonders schönen und charakteristischen Orten. Eine eigene Arbeitsgruppe recherchiert vor Ort und fotografiert etwa 3 000 Motive aus allen Blickwinkeln. Das akribisch gesammelte Material wird in Billund sortiert, Skizzen werden erstellt, und die Essenz der Modelle für die neue Attraktion wird herausgefiltert.

Anschließend müssen maßstabgerechte Modelle aus Schaumstoff hergestellt werden. In die modellierte Landschaft setzt man die Häuser, Schiffe, Brücken und pflanzt die Bäumchen. Anhand des Modells werden nun Zeichnungen angefertigt, in welche die Höhenlinien des Geländes, Straßenverläufe, Gebäude, Hafenanlagen usw. eingetragen werden. Diese Zeichnungen bilden die Grundlage für die Menschen, die das Gelände im Park vorbereiten.

Dann beginnen die Erdarbeiten, die Erschließung des Geländes sowie die Anlage von Straßen, Bürgersteigen, Hafenbecken. Wichtig ist dabei, daß die Geländeproportionen zum Maßstab der Bauten passen. Alles soll so natürlich wie möglich erscheinen. Gleichzeitig wird das Design der Modelle in Angriff genommen. Stein für Stein wachsen Häuser, Schiffe, Autos, Flugzeuge, Tier- und Menschenfiguren. Häuser werden anhand der Fotos von den Erkundungsreisen nach Zeichnungen im Maßstab 1 : 20 angefertigt. Anschließend werden alle Modelle geklebt, um sie transportieren zu können.

Allein 13 Szenerien aus verschiedenen Ländern stehen in Windsor, sechs davon mit britischen Themen. Vom Fischerdorf in Cornwall bis zur schottischen Burg, vom walisischen Bergbau bis zu

147

LEGOLAND Windsor 1996: Modell der Tower Bridge

Londoner Sehenswürdigkeiten reicht die Essenz aus 20 000 Fotos von interessanten Bauwerken, die insgesamt 30 Modellbauer von ihren Streifzügen durch ganz Großbritannien mitgebracht hatten. Windsors Miniland besteht aus 800 Gebäuden. Natürlich ist auch die Tower Bridge darunter, aus 100 000 Steinchen gebaut. Die Präzision ist auch hier überwältigend: Big Ben schlägt jede Viertelstunde. Die Uhrzeiger der vier Zifferblätter sind synchronisiert, genau wie beim Original. Um ganz sicherzugehen, verwendeten die Modellbauer die Originalpläne der Architekten. Die Garde marschiert echt im Takt der Musik, die Tower Bridge öffnet ihre Brückenklappen für ein Vollschiff, und in der Londoner Underground herrscht hektisches Gedränge auf den Rolltreppen, während sich das Personal zwischendurch eine Tasse Tee genehmigt. In der «Driving School Windsor» ist natürlich Linksverkehr vorgeschrieben.

Vergnügungsparks wie Billund, Windsor und Carlsbad haben ein neues Berufsbild geschaffen: die «Attraction-Manager». Sie sind nicht nur für Konzeption, sondern auch für Bau und Betrieb der Anlagen verantwortlich, sie erfinden und entwickeln die einzigartigen Attraktionen, die dann die Leute in Scharen anlocken sollen. Zum Beispiel die «Master Rides», anspruchsvolle Fahrgeschäfte, die Kinder vor kleine Herausforderungen stellen und ihnen dabei das Gefühl vermitteln, eine Leistung erbracht zu haben.

Wie sorgsam die Marktforscher den kaufmännischen Erfolg vorbereiten, schildert Hanne Bornstein von LEGOLAND Organisation am Beispiel Englands, wo man zum ersten Mal eine ganz neue Kundschaft, nämlich Schulen und Schulkinder, ansprechen wollte: «Als erstes untersuchten wir den britischen Markt für Schulausflüge. In welchen Schuljahren stehen sie auf dem Programm? Wie viele Ausflüge werden pro Jahr wohin gemacht?» Das Resultat dieser Umfrage war ziemlich vielversprechend. Rund 3,3 Millionen Schulkinder im Umkreis von zwei Autostunden gerieten als potentielle Kunden ins Fadenkreuz der Marktforscher, fast alle unternahmen pro Jahr mindestens einen Klassenausflug. Danach besuchten die Planer konkurrierende konventionelle Ausflugsziele – englische Schlösser, Museen, Bauernhöfe und Zoos – und testeten ihre Stärken und Schwächen. Nun wurde beschlossen, welche Art von Edutainment die kleinen Briten nach Windsor locken könnte. Speziell für LEGOLAND Windsor wurden sechs Programme entwickelt, die aus jeweils unterschiedlichen Lernaktivitäten bestehen. Jedes Thema spricht auf verschiedenen Schienen die Sinne an und erläutert auf diese Weise einzelne Inhalte.

Bei HANDS ON geht es um das Entwerfen, Bauen und Erproben von LEGO DACTA Modellen, zum Beispiel mit Zahnrädern und Getrieben. Diese Lektionen werden von pädagogisch ausgebildeten Mitarbeitern geleitet.

Bei EYES ON gehen die Kinder durch den Park, besonders durch das Miniland, um zum Beispiel ausfindig zu machen, wo und zu welchem Zweck Zahnräder verwendet werden.

MINDS ON liefert Arbeitshefte mit Anregungen für weitere

Tätigkeiten im Park und zur abschließenden Verarbeitung des Erlebten durch Zeichnen, Erzählen, Bauen usw.

Das gesamte Konzept wurde mit britischen Lehrern erarbeitet, getestet und von ihnen als hervorragend bewertet. Es ist aber nicht nur für Schulen interessant, sondern auch für Familien. Sie können zum Beispiel ein Computerprogramm basteln, das über Sensoren die Temperatur in einem Gewächshaus regelt. Oder LEGO Türme bauen und sie gemeinsam auf einem Spezialtisch auf Erdbebensicherheit testen. Oder Schiffe versenken, magische Mosaike, das Zahnradspiel «Zahn um Zahn» und vieles mehr ausprobieren.

Seit 1998 gibt es in sämtlichen Parks auch ein MINDSTORMS Center, in dem ältere Kinder ab 11 Jahren bauen, programmieren und mit den LEGO MINDSTORMS Robotern spielen dürfen. Sie bekommen dazu 45 Minuten Zeit und eine Anleitung. Danach müssen sie in Konkurrenz mit den anderen Kindern allein den Computer programmieren und einen Roboter bauen. MINDSTORMS Instrukteure überwachen das Ganze.

In der Modell-Design-Abteilung in Billund wird eifrig an weiteren Attraktionen für die LEGOLAND Parks gewerkelt. 1999 wurde auf 16 Hektar ehemaligen Tomatenfeldern in Carlsbad, einer kalifornischen Küstenstadt nördlich von San Diego, das dritte LEGOLAND eröffnet. Die Billunder wählten diesen Ort unter anderem wegen seines beständigen schönen Wetters, was eine weitaus längere Saison als die sechs bis sieben Monate in Europa ermögliche, meldete die «New York Times».

In einer heißen Volksabstimmung billigte die Mehrzahl der Einwohner das Projekt «LEGO Family Park USA». Dem Votum war erbitterter Streit vorausgegangen, der die beschauliche Gemeinde monatelang in zwei Lager spaltete. Gegner hatten vor der Verschandelung der Landschaft gewarnt, dem Flächenverbrauch für Parkplätze und ein 700-Betten-Hotel und vor den Folgen des zu erwartenden Besucherstroms!

Befürworter versprachen sich wie üblich Wohlstand für die Um-

Modell von LEGOLAND Carlsbad, eröffnet im März 1999

gebung und mehr Arbeitsplätze – und setzten sich durch. 650 neue Arbeitsplätze und zwei Millionen Dollar zusätzliche Steuereinnahmen sind ein Argument, das nicht zu schlagen ist. Kaliforniens Gouverneur Pete Wilson sprach deshalb, als die Sache endlich durch war, auch von «great news» für seinen rezessionsgeschüttelten Staat. Seine Steuerbehörde rechnet mit 76 Millionen Dollar Mehreinnahmen pro Jahr.

Der Staat Kalifornien bedankte sich bei den dänischen Investoren dafür mit neuen Straßen und einem Billigdarlehen. Im fertigen Park steht dann alles wie gehabt: Boote, Modellbauten, Minidörfer locken US-Kids in Scharen nach Carlsbad. Attraktionen sind unter anderem eine kalifornische Miniaturlandschaft und die Nachbildungen von weltberühmten Bauwerken, natürlich auch dem Capitol und der Freiheitsstatue. Immerhin bauen Kinder bereits in 70 Prozent der US-Haushalte mit den bunten Steinchen.

Der nächste LEGOLAND Park dürfte vermutlich mitten in Tokio aufmachen, in Makuhari, im Zentrum der Neunmillionenstadt, im Chiba-Distrikt. Der asiatische Stadt-Moloch ist so groß, daß die Leute es am Wochenende zeitlich gar nicht schaffen, hinaus ins Grüne zu fahren. Also bleiben sie lieber in der Stadt – und dort sollen sie sich künftig im dänischen Klötzchenland amüsieren. In zwei Stunden Anfahrtszeit werden es 34 Millionen Menschen erreichen können. Zieldaten hier: ganzjährige Saison; über 2 Millionen Besucher jährlich; 1 000 Angestellte, in der Hochsaison bis zu 7 000 freie Mitarbeiter.

Bauland ist in Tokio so gut wie nicht zu bekommen. Das Grundstück für LEGOLAND Tokio ist 25 Hektar groß und gehört der Verwaltung des Bezirks Chiba. Lizenzen vergeben die Dänen auch hier nicht, alles bleibt in eigener Regie von LEGO A / S, Billund.

Wichtig für die Standortwahl ist prinzipiell die Anzahl der Menschen, die im Einzugsgebiet leben. Aus diesem Grund ist im europäischen Hauptabnehmerland Deutschland das schwäbische Günzburg im Gespräch, eine Kleinstadt bei Ulm im total übervölkerten Dreieck zwischen Stuttgart und München. Hier, nahe den Autobahnen A7 und A8, wohnen nicht weniger als 15 Millionen Menschen, lauter potentielle Besucher.

Das dort für den Bau vorgesehene 64 Hektar große Gelände gehört der Bundesregierung. Bis 1991 wurde es von der US-Army benutzt. Im Jahr 2003 soll hier der neue deutsche LEGOLAND Park eröffnet werden.

LEGOLAND Parks sind teuer. Mit rund einer Milliarde Dänenkronen, rund 250 Millionen Mark, rechnet der Konzern pro Neugründung. Japan wird noch wesentlich mehr kosten, weshalb die Billunder dort besonderen Wert auf lokale Partner zur Mitfinanzierung legen. Mit der Bereitstellung finanzieller Ressourcen hat sich deren Rolle allerdings erschöpft, denn als hundertprozentige Eigner und Betreiber von LEGOLAND Parks treten immer die dänischen Unternehmer auf. Herren im Haus, wo immer es auch steht, sind und bleiben die Erfinder der Klötzchen.

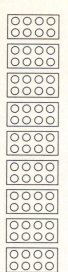

«Kulturgut» Kunststoffquader ○ 120 LEGO Männchen – Werbung für 300 Millionen

Werbe- und PR-Aktionen werden von den Managern der LEGO Gruppe ebenso systematisch geplant wie das LEGO System. In der Breitenwirkung schlagen sie daher sämtliche Rekorde.

Der sagenhafteste PR-Coup für den Konzern überhaupt gelang allerdings ohne dessen Zutun. Die Idee dazu stammte von der international renommierten Werbeagentur Young & Rubicam Business Communications (CH). Heute noch bekommen hochkarätige Werber einen verklärten Blick, wenn die Rede auf die bewußte Werbeaktion kommt.

Mit minimalem Einsatz, nämlich 120 LEGO Männchen, Herstellungskosten geschätzte 200 Mark, erreichte die LEGO Gruppe damals ein Maximum an PR-Wirkung, und dies noch dazu für einen humanitären Zweck.

Es ging um eine Anzeigen- und Plakat-Informationskampagne, die der Hohe Flüchtlingskommissar der UNO startete. Young & Rubicam bat in Billund um die Erlaubnis, dazu LEGO Figuren abbilden zu dürfen. Sprechen die Knirpse doch, auch wenn sie unverwechselbare Dänen sind, Menschen jeden Alters, jeder Herkunft und jeder Hautfarbe an. (siehe Farbbildteil)

Young & Rubicam entwickelte drei verschiedene Anzeigen- und Plakat-Motive. Auf allen drei Entwürfen marschieren, sitzen, stehen LEGO Männchen. Der Text lautete: Na, wer ist der Flüchtling?

Die Botschaft dahinter besagte: Flüchtlinge sind Menschen wie du und ich. Jeder von uns kann morgen auf der Flucht sein. Üben wir Toleranz!

Das Echo der Kampagne war überwältigend. Nie zuvor hatte eine Aktion der UNO einen solchen Erfolg. Mindestens 300 Millionen Menschen, wahrscheinlich sogar noch weit mehr, wurden durch die Kampagne erreicht, die sich von Österreich aus explosionsartig ausbreitete. Beim Hohen Flüchtlingskommissariat der UNO meldeten sich über 300 Magazine und Zeitungen, doppelt so viele wie erhofft, die kostenlos die Anzeige abdrucken wollten. Allein Westeuropas große Illustrierte und Zeitungen erreichen 10 Millionen Leser. Die USA, Kanada, Skandinavien, die Niederlande, Südeuropa, ganz Lateinamerika, Afrika und Asien zogen nach. In «Newsweek» wurden die Anzeigen zehnmal, in «Time Magazine» achtmal geschaltet. Nur die Anzeigen in diesen beiden Blättern hätten die LEGO Gruppe rund 750 000 Schweizer Franken gekostet. Die französischen Behörden waren von der Kampagne so angetan, daß sie in der Pariser Metro kostenlos Werbeflächen für 300 zwölf Quadratmeter große Plakate zur Verfügung stellten. Das Plakat wurde in die Sprachen Deutsch, Englisch, Französisch, Griechisch, Spanisch, Italienisch, Norwegisch und Thai übersetzt. Russisch und Arabisch werden folgen.

Der Erfolg war so überzeugend, daß das Flüchtlingskommissariat beschloß, hinterher in der gleichen Art mit LEGO Figuren auch weltweit ausgestrahlte TV-Spots zu produzieren. Ein UNO-Mitarbeiter schrieb nach Billund: «Unser größtes Problem ist, daß die Kampagne ein zu großer Erfolg wird. Alle, die das Plakat gesehen haben, scheinen ein Exemplar für ihr Rathaus, das Klassenzimmer, den Arbeitsplatz haben zu wollen. In Griechenland und Spanien wollen die Bildungsminister es in Schulen zum Pflicht-Wandschmuck machen.»

Die vielen Neuauflagen der Poster leerten die UNO-Kassen in Genf. Der Werbeetat der Klötzchen-Produzenten dagegen wurde geschont. Eine vergleichbare, weltweite Anzeigenaktion hätte mindestens 2,2 Millionen Schweizer Franken gekostet. Den dänischen Konzern kostete sie einen Sack voll LEGO Männchen. Da verwundert es nicht, daß das Management keine drei Minuten brauchte, um zu entscheiden: «Die UNO-TV-Spots sponsern wir!»

Dieser schier unglaubliche Erfolg zeigt: Die LEGO Botschaft wird von Afrika bis Alaska ohne Worte verstanden. Längst ist das Steinchen den Kinderzimmern entwachsen und erobert als kreatives Element Ingenieurbüros und wissenschaftliche Labors sowie Künstlerateliers – als ein Baumaterial wie Holz, Gips, Karton, Plexiglas. Pressesprecher Peter Ambeck-Madsen bezeichnet es gar als internationales «Kulturgut».

Ein Anspruch, der gelebt und mit Inhalt erfüllt werden will. Seit Jahren bemüht sich die dänische Firma darum, nach außen als «Kulturträger» aufzutreten. Dafür veranstaltet und finanziert sie regelmäßig für ein paar Millionen Dänische Kronen originelle internationale Ausstellungen und Wettbewerbe.

Zum Beispiel Architekturausstellungen. Die erste fand 1984 statt. Junge niederländische Architekten bauten damals eine ganze Villa aus LEGO Steinchen. Nach einer bereits 1985 gezeigten, weltweit erfolgreichen Ausstellung stellte das deutsche Architekturmuseum in Frankfurt gemeinsam mit LEGO 1992 zum zweiten Mal moderne Architekturentwicklungen mit spielerischen Mitteln vor. Die vielbeachtete Wanderausstellung «The Gate of the Present / Das Tor der Gegenwart» präsentiert 25 zeitgenössische Torentwürfe, vom Hoftor bis zum Stadttor. Alle stammen von jungen, noch unbekannten Architekten aus 22 Ländern und Kulturepochen. Das Motiv «Tor» wählten die Veranstalter als Symbol für das geistige Durchschreiten von einer Welt in die andere. Das Tor als Ort des Verharrens, der Besinnung, bevor etwas völlig Neues beginnt.

Werk des Koreaners Young Joo Huh im Rahmen der Ausstellung «The Gate of the Present», 1992

Gleichzeitig steht es auch als Beispiel für die Vielzahl architektonischer Möglichkeiten, Räume unterschiedlicher Bedeutung voneinander abzutrennen.

Selbstverständlich kommt aber auch eine solche kulturelle Aktion nicht ohne die übliche eintönige Auflistung verbauter Klötzchen aus. Die beiden spanischen Architekten Ton Salvado i Cabre und Esteve Aymerich benötigten für ihr 1,35 Meter breites, ebenso tiefes und 70 Zentimeter hohes, durch den Fall der Mauer inspiriertes Modell vom «Brandenburger Tor» 135 000 Stück.

Langzeitwirkung hat garantiert auch ein anderes, medienwirksames «Kultur-Engagement». Als «größtes 3-D-Puzzle der Welt» machte es PR-Geschichte: die Aktion «Bausteine für die Frauenkirche». Gemeinsam mit der «Gesellschaft zur Förderung des Wiederaufbaus der Frauenkirche» starteten LEGO Deutschland, LEGOLAND Billund A/S sowie «Hilton Dresden» die publikumswirksame Aktion. Sie fand vom 3.–31. August 1996 in Dresden statt und war in Billund von sieben Mitarbeitern zwei Jahre lang mit gewohnter Akribie vorbereitet worden.

Georg Bähr, ein Dresdner Ratszimmermeister aus dem kleinen Erzgebirgsort Fürstenwalde, war der geniale Baumeister der wirklichen Frauenkirche. Er bekam den Auftrag, für wenig Geld und in kurzer Zeit die baufällige, viel zu kleine Frauenkirche aus dem Mittelalter zu ersetzen. Die bedeutenden Kuppelkirchen, nach deren Vorbild er den Bau begann, hatte er selbst nie gesehen. In seinen ersten Entwürfen kommt noch eine einfach konstruierte Holzkuppel vor, doch sieben Jahre später verblüffte er die Dresdner mit einem sensationellen Änderungsvorschlag: einer prachtvollen, massiven Steinkuppel. Andere Baumeister zweifelten das Gelingen seiner Pläne an, doch Bähr setzte die geniale Konstruktion tatsächlich um. Trotz der gewagten Statik überstand sein Kuppelwunder im Jahre 1760 unversehrt zahllose preußische Kanonenkugeln. 202 Jahre lang ragte die Frauenkirche, «vom Grund auf bis oben ein einziger Stein», über den Dächern von Dresden in den Himmel. Nicht minder großartig war auch ihre gewaltige Orgel. Erbaut vom berühmten sächsischen Orgelbauer Gottfried Silbermann, spielte nur eine Woche nach der Weihe Johann Sebastian Bach mehrere Stunden lang auf dem Instrument. Sein Sohn Friedemann war von der Orgel der Frauenkirche so begeistert, daß er meinte, «Silbermann habe Natur und Kunst besiegt».

Seit 1743, zwei Jahrhunderte lang, krönte die steinerne Kuppel der Frauenkirche die einzigartige Stadtsilhouette des wunderschönen Elbflorenz. Bis sie in der Nacht vom 14. Februar 1945 in eine

Modell der Dresdner Frauenkirche

ausgeglühte Ruine verwandelt wurde, nachdem alliierte Kampfflugverbände die mit Flüchtlingen überfüllte Stadt in eine Feuerwüste gebombt hatten. Am Vormittag des 15. Februar 1945 stürzte die Kirchenruine ein, nachdem in den beiden Tagen zuvor Dresdens Innenstadt im Feuersturm der Alliierten untergegangen war.

Die Welt verlor damals ein geniales Bauwerk, die Christenheit eine ihrer schönsten Kirchen, die Dresdner die Krönung ihrer Stadtansicht. Über Jahrzehnte blieb die Frauenkirche ein Trümmerberg.

Nach dem Fall der Mauer wurde das Mahnmal für die Opfer des Krieges zum Symbol für den Wiederaufbauwillen der Dresdner. 96

Meter hoch, soll der unvergleichliche Kuppelbau bis zum Jahr 2006 als Mittelpunkt der Stadt, die im gleichen Jahr ihr 800jähriges Bestehen feiert, wiedererstehen. Der originalgetreue Aufbau ist eines der spannendsten Architekturabenteuer der Gegenwart. Dazu wurden sämtliche vorhandenen Steine der Ruine Stück für Stück auf ihre ursprüngliche Position und erneute Anwendbarkeit geprüft, alle noch brauchbaren Steine gereinigt und numeriert und dann mit bis zu 170 Daten im Computer gespeichert. Jedes Detail wird so, wie es einmal war. Handwerkskunst wird wiederentdeckt, längst vergessene Techniken neu eingeschult. Die Baukosten schätzt man auf 250 Millionen Mark.

Eine Wahnsinnssumme – aber dennoch weniger, als der Bau von zehn Kilometern Autobahn kostet. Durch eine einmonatige LEGO Aktion sollte Geld für noch fehlende Steine gesammelt werden.

Zwei Modellbauer aus Billund reisten als Bauleiter nach Dresden. Abdallah Kobeissi und Henrik Meyer hatten sich freiwillig für diese Aufgabe gemeldet. Sie sei, sagten sie, eine äußerst spannende, fachliche Herausforderung. Als Unterlagen standen die handgezeichneten Originalbaupläne der Frauenkirche zur Verfügung. Zeichnungen, die im Zeitraum von 1938 – 1943 im Zuge einer geplanten, vom Krieg aber dann gestoppten Restaurierung angefertigt wurden. Nun brauchte man jedoch neue Zeichnungen, auf denen die noch vorhandenen alten Elbsandsteinquader und die neu zu ergänzenden Steine eingezeichnet wurden. Insgesamt 1 700 Arbeitsstunden brauchten die beiden Tüftler aus Billund dazu.

Direkt vor der Baustelle der großen Frauenkirche, in einem Bauzelt gegenüber dem Hotel Hilton, stellten die zwei Dänen das von ihnen konstruierte Modell (Maßstab 1 : 30) der Kirche auf: 3,30 Meter hoch, 300 Kilo schwer, aus einer halben Million LEGO Steinen. Diese 500 000 Elemente sollten in Spendengelder verwandelt werden. Dunkle Steine markierten jene Partien, für die beim Wiederaufbau noch Originalteile aus der Ruine verfügbar waren, helle die Neubauteile. Großspender, Firmen zum Beispiel, konnten ganze Bauteile spenden. Eine Turmspitze mit Laterne kostete 25 000 Mark, die Apsis 15 000 Mark, den Eckturm gab es für 10 000 Mark, das Sockelfundament für 7 500 Mark – bis hinab zu Steinpaketen für 1 000 Mark. Größere Steine-Einkäufer traten mit Namen und Logo auf. Besucher konnten für fünf Mark das Stück einen Stein eigener Wahl kaufen und ihn dann selbst auf dem Modell anbringen. Dafür gab es eine Urkunde. Nach einem Monat Bauzeit sollte das Bauwerk «ausverkauft» sein.

Das Vorhaben wurde ein Riesenerfolg. Den ganzen August 1996 über bauten Tausende von Kindern und Erwachsenen eifrig an der Frauenkirche aus Klötzchen. Die eingeflogenen Modellbauer Abdallah Kobeissi und Henrik Meyer hatten alle Hände voll zu tun, den vielen Käufern beim korrekten Stecken ihrer Steine zur Hand zu gehen. Im Schnitt kamen pro Tag 4 000 Besucher. Während der ganzen Zeit herrschte im Bauzelt eine beinahe feierliche Stimmung, die keiner, der dabei war, so schnell vergessen wird. Viele ältere Menschen weinten, als sie ihren Stein steckten. Dresdner, welche die Luftangriffe überlebt hatten, kamen immer wieder vorbei, um im Namen ihrer toten Familienangehörigen oder längst verstorbener Freunde weitere Steine zu kaufen. Auch Blinde und Behinderte im Rollstuhl bauten mit. Abdallah führte einen blinden Spender rund um das Modell und ließ ihn die Oberfläche ertasten. Der Mann weinte. Rollstuhlfahrer wurden von Freiwilligen aufs Podium gehoben, um mitstecken zu können. Viele Menschen sagten, von diesem Ereignis würden sie noch ihren Enkeln berichten.

Bis zum 31. August 1996 sollte weitergebaut werden, dann mußte die Frauenkirche en miniature fertiggestellt sein. Modellbauer Abdallah zweifelte keinen Augenblick daran, daß das Modell vollendet werden konnte. Sein Kollege Henrik war skeptischer, baute er doch die kompliziertesten Abschnitte, besonders die von Firmen gespendeten Großbauteile. Abdallah sollte recht behalten: Am 31. August 1996 waren die Arbeiten abgeschlossen. In jenen unver-

160

geßlichen Augusttagen im Jahre 1996 kamen an Spenden für den Wiederaufbau der Frauenkirche zusammen:

○ 140 000 Mark aus dem Aktionszelt,

○ 117 500 Mark für die Großbauteile von Firmen und anderen Sponsoren,

○ 31 000 Mark brachte die Versteigerung des in Dresden gebauten Modells, für welches das Warenhaus Karstadt, Dresden, den Zuschlag erhielt. In den nächsten Jahren wird die Warenhauskette das Modell dort ausstellen.

Insgesamt wurden in der kurzen Zeit also für 300 000 Mark LEGO Steine verkauft. Das geleimte Modell der Frauenkirche wanderte als erstes Modell eines ostdeutschen Bauwerks in den Billunder LEGOLAND Park.

Ygdrasil, der «Nobelpreis» für Kinder ○

«Honigtau» für stille Helfer

Ygdrasil ist in der nordischen Mythologie die ewiggrüne Weltesche. Ihre Krone stößt an den Himmel, ihre Wurzeln reichen bis tief in die Unterwelt. Wer sich in ihrem Schatten ausruht, wird unsterblich.

In den Zweigen verbergen sich wachsame Vögel, die den Lauf der Welt verfolgen. Oben auf dem höchsten Wipfel sitzt der allwissende Adler. In Ygdrasil hausen aber auch der böse Fenriswolf und die allumschlingende Midgardschlange, Sinnbild des Meeres.

Der Wunderbaum hat viele Feinde. An Ygdrasils Wurzeln nagt die tückische Schlange Nidhug, Hirsche und Rehe knabbern an den jungen Baumtrieben und bremsen so das Wachstum. Das intrigante Eichhörnchen Ratatosk verbündet sich stets mit der bösen Schlange gegen den herrlichen Adler.

All diesen Wesen bietet Ygdrasil reichlich Nahrung. Von den Zweigen der Esche tropft unaufhörlich lebensspendender Honigtau. Selbst den Weltuntergang wird Ygdrasil überstehen – als Sinnbild für den Fortbestand des Lebens. Wer sich in ihren Schatten begibt, wird die Ewigkeit überdauern.

Das moderne Abbild der Weltesche Ygdrasil, ein aus bunten Steinen zusammengefügtes Bäumchen unter einem Plexiglassturz, dient der LEGO Gruppe als Symbol für den LEGO Preis, der so begehrt ist, daß er auch «Nobelpreis für Kinder» genannt wird. Dem Preisträger winken eine Million Dänenkronen – «Honigtau» für die stillen Helfer, denn der Preis wird alljährlich an Privatpersonen,

162

Gruppen, Vereine oder Organisationen verliehen, die sich um Kinder verdient gemacht haben. Eine öffentliche Ausschreibung findet dabei nicht statt, das Preiskomitee fällt seine Entscheidung nach Vorschlägen, die aus den Reihen der weltweiten LEGO Niederlassungen kommen.

Das größte Verdienst des Preises ist es wohl, daß er einer höchst unauffälligen Minderheit von Wohltätern zugute kommt, einer Personengruppe, die nicht täglich in den Schlagzeilen und auf Bildschirmen auftaucht. Menschen, die sich um Kinder kümmern, haben gemeinhin keine starke Lobby. Genausowenig wie die sozial benachteiligten, kranken, wehrlosen Minderjährigen eine haben, für die sie sich einsetzen.

Das großzügig bemessene Preisgeld wird dankbar angenommen, aber noch wertvoller, so beteuern viele der Preisträger, sei die große PR-Wirkung, die damit verbunden ist. Denn der LEGO Preis ist immer ein Medienereignis. Auf diese Weise bekommen die stillen Helfer endlich die öffentliche Anerkennung, die sie für ihre idealistische Arbeit schon lange verdient hätten, und können vielleicht auf weitere Zuwendungen für ihre Projekte hoffen.

Berücksichtigt werden nicht nur Länder, die ohnehin im Blickpunkt der Öffentlichkeit stehen. Der allererste Preis 1985 etwa ging zur Hälfte an Marokko, an ein «Save the Children»-Projekt, eine Schule für behinderte, meist schwer poliogeschädigte Kinder im marokkanischen Khemisset.

Ein Jahr darauf hieß eine Preisträgerin Astrid Lindgren. Die weltberühmte Kinderbuchautorin steckte das Geld in einen Fonds namens «Solkatten» (Sonnenkatze), der unter anderem einen kompletten Katalog der Kinderliteratur der letzten 40 Jahre finanzierte.

1987 brachte gleich drei Preisträger, unter anderem ging der Preis an das «Werner Otto Institut» der Alsterdorfer Anstalten in Hamburg, ein Zentrum für Früherkennung und Behandlung entwicklungsgestörter und behinderter Kinder. Mit dem Preis-

Ygdrasil-Preisträger 1992 Loris Malaguzzi, LEGO Pressesprecher Peter Ambeck-Madsen, LEGO Italien Geschäftsführer Giancarlo Marganti (v. l. n. r.)

geld konnte das Institut endlich ein mobiles Langzeitgerät anschaffen, das die Gehirnstrommessung von epilepsiekranken Kindern ermöglicht. Das Gerät klärt auch die Absicherung der Epilepsiediagnose und gewährleistet dadurch eine frühzeitige Therapie. Zugleich bewahrt es Kinder vor einer unnötigen Behandlung.

«Associacao Santa Teresinha» heißt die riesige Kinderstadt am Rande von São Paulo in Brasilien. Seit Jahren leisten Pädagogen hier einen phantastischen Einsatz für elternlose Kinder. Mit dem Preisgeld aus Dänemark konnten endlich Schulküchen, Lehrmittel und ein neues Dach bezahlt werden.

Außer speziell interessierten Pädagogen wußte kaum jemand etwas über die Arbeit von Loris Malaguzzi. Ein Menschenalter lang leistete der Italiener auf seine stille Art bahnbrechende Arbeit für Vorschulkinder. 1970 gründete er in Reggio Emilia die Diana-

Schule, nicht nur Treff- und Sammelpunkt progressiver Pädagogen, die Malaguzzis Bildungsmethoden übernehmen wollen, sondern auch ein Forschungszentrum, das sich mit bekannten und unbekannten Talenten von Kindern beschäftigt. In seinem bekanntesten Buch, «Die hundert Sprachen der Kinder», steht der Satz: «Man muß an Kinder und ihre kreativen Talente, ihre Denkfähigkeit glauben. Die haben alle Kinder in sich. Seit Jahrhunderten warten sie darauf, daß Erwachsene sie ihnen zutrauen.» Zwei Jahre vor seinem Tod, 1991, erhielt der Pädagoge Malaguzzi auf Anregung der LEGO Mitarbeiter in Italien den LEGO Preis und steckte das Geld gleich in neue Kinderforschung.

Die dänische Kinderschutz-Organisation «Børns Vilkår» konnte mit ihrem Preisgeld den Einsatz im Kopenhagener Hilfszentrum «Kinder in Not» verstärken. Sie richtete damit u. a. ein Telefon ein, wo verzweifelte Kinder rund um die Uhr kostenlos anrufen können und Hilfe erhalten.

Die französische Kinderpsychoanalytikerin Françoise Dolto investierte den Geldsegen in die Einrichtung eines Zentrums für taube Kinder und in ihr bahnbrechendes Projekt «Grünes Haus» für Kinder und Eltern in der Nähe von Paris.

Alberto Muniz Sanchez, spanischer Architekt, Künstler, Zirkusexperte und Pädagoge, legte vom Preisgeld in seiner Kinder- und Schulstadt CEMU am Rande von Madrid einen eindrucksvollen Versammlungsort an. Er nannte ihn dankbar «Plaza Agora LEGO».

In Norwegen bekamen Rafael Goldin und seine Frau, beide in der Sowjetunion geboren und aufgewachsen, Mittel zum Ausbau der ersten Etage ihres fabelhaften Kinderkunstmuseums in Oslo.

Die Oberhausener «Aktion Friedensdorf» in Deutschland finanzierte von dem Geld in der afghanischen Hauptstadt Kabul eine Werkstatt. Darin werden Arm- und Beinprothesen für die vielen Kinder angefertigt, die den Minen des schrecklichen Bürgerkriegs zum Opfer fielen, der seit Jahren in ihrer Heimat wütet.

Paul Newman, Ygdrasil-Preisträger 1996, mit Eva Lykkegaard von der Presse- und Informationsabteilung der LEGO Gruppe

Zwei «Einzelkämpfer» für Kinderbelange erhielten 1994 je eine Preishälfte. Einmal der österreichische Märchenerzähler Folke Tegetthoff aus St. Georgen bei Graz. Begründung für seine Auszeichnung: «Der Mut, mit dem dieser Mann im Zeitalter der Massenmedien eine Lanze für menschliche Kommunikation bricht und Kinder mit seinen Märchen wieder an das Zuhören und Erzählen heranführt.» Die andere Hälfte ging an Norbert Rademacher in Lingen/Ems, der sich unermüdlich für ein «Theaterpädagogisches Zentrum» in der tiefsten Provinz einsetzt.

1996 machte LEGO USA das Rennen. Sieger wurde ein typisches amerikanisches Summer Camp in Connecticut. Überwiegend unheilbar kranke Kinder können sich dort für eine Weile, trotz ihres stark beeinträchtigten Gesundheitszustandes und ihrer oft schweren Behinderungen, beinahe wie ganz normale Kids fühlen, rund um die Uhr liebevoll betreut von fest angestellten und ehrenamtlichen Helfern. Gründer und Sponsoren des Camps sind der Schauspieler Paul Newman, seine Frau Joanne Woodward und einige Freunde.

Das Camp erhielt den Preis, so die Begründung, «für den Beweis, daß auch kranke Kinder frohe Kinder sein können». Der scheue, charismatisch wirkende Mime und seine Frau waren zunächst nicht zu bewegen, den Preis persönlich anzunehmen, hatten doch beide an Newmans 70. Geburtstag beschlossen, Auszeichnungen fortan zu ignorieren. Es kostete die LEGO Gruppe viel Überzeugungsarbeit, den Star aufs Podium seines Camps zu holen, aber es gelang: Paul Newman nahm «Ygdrasil» – stellvertretend für seine Mitarbeiter – entgegen.

1997 kam Mexiko an die Reihe. Das Kindermuseum «Papalote», Museo del Niño. Papalote bedeutet Schmetterling oder Fliegender Papierdrache, ein wunderschöner Name für ein Kindermuseum, das ein Spiel- und Lernparadies für die Kinder darstellt, an denen Mexiko so reich ist.

Von den weltweit rund 400 interaktiven Kindermuseen ist Papalote das jüngste. Die Initiatoren, eine Gruppe von Privatpersonen, wollten ein typisches Museum errichten, das den Kindern Mexikos auch die uralte Kultur ihrer Ahnen vermitteln soll.

Kurioses rund ums Klötzchen ○ Zahnersatz, Planetenuhr, Reihenhaus für wirbellose Wassertiere ...

Unzählige Kinder und Erwachsene haben die Klötzchen zu genialen Konstruktionen inspiriert, und ihre Schöpfungen sind fester Bestandteil der LEGO Geschichte. Mit Hilfe der Presse finden immer wieder große Modellwettbewerbe statt, an denen die Fans begeistert mitbauen. Skizzen und Fotos ihrer Kreationen schicken sie dann oft nach Billund, wo man sich über das kostenlose Marktforschungsmaterial freut. Noch niemals wurde ein Modell angekauft und übernommen, denn womöglich entstünden daraus Probleme mit den Urheberrechten.

Für ihre minderjährigen und volljährigen Kunden betreibt die Firma mit Unterstützung eines Computers eine besondere Art von Seelenpflege. Der Computer schreibt liebenswürdige Dankesbriefe und veranlaßt auch Ersatzteillieferungen. Beispiel: «Es ist Ihnen wieder mal gelungen, uns in Erstaunen zu versetzen. Ihre Fotos des Telekrans und der Burg werden einen Platz in unserem Ehrenalbum bekommen.»

In diesem «Ehrenalbum» sind sie alle vereinigt: die Bohrinsel nebst schwenkbarem Ausleger für Versorgungsschiffe, der Ozeanriese mit beleuchtetem Schwimmbad und zwei Stabilisatoren, die «Titanic», der Kugelschreiber aus LEGO Steinen (schreibt garantiert) und und und.

Seit einem Jahr hausen auch «Eumel» aus Deutschland im Kuriositäten-Kabinett. Man findet diese witzigen Kreaturen in keinem Laden, sie stehen in keinem Brockhaus, wohl aber im Duden, dem Rechtschreibwörterbuch der deutschen Sprache: Eumel = umgangssprachlich für Gegenstand, Dummkopf, Ding.

Eumel ist, mit Verlaub, ein richtiges «Quatschwort», eines, wie es Kinder lieben. Es wurde als Bauthema für die Deutsche LEGO Meisterschaft vorgegeben. Aber wie sieht ein Eumel aus? So fragt nur ein Erwachsener, dem längst die Phantasie abhanden gekommen ist. Die Kinder wußten es sofort. Sie bauten um die Wette wahnsinnige Eumel. Zum Beispiel, wie der 12jährige Bremer Thomas Liebschwager, ein «ohrenwackelndes, kopfdrehendes, schwanzwedelndes Eumel-Monster». Oder den «feuerspuckenden, augenverdrehenden, springenden, sprechenden, schwimmenden und um die Welt reisenden Eumel» von Alina Jensch (8) aus Bielefeld.

Gerade diese Wettbewerbe zeigen immer wieder, daß kindliche Kreativität den Klötzchen stets neue Geschöpfe und Welten zu entlocken vermag. In Schweden dienten die bunten Steine übrigens einmal sogar als handfestes Zeichen kindlicher Wohltätigkeit und gelangten auf solchem Weg zu klerikaler Würdigung: So segnete anläßlich eines Gottesdienstes ein lutheranischer Bischof in vollem Ornat Plastiktüten mit LEGO Steinen, die schwedische Kinder für schwarze Kinder in Mozambique gesammelt hatten. Der Gottesdienst fand «stilecht» vor einem Altar aus bunten Klötzchen statt.

Doch auch die Großen lassen sich seit eh und je zu abenteuerlichen, phantastischen, aber auch, wie wir noch sehen werden, zu höchst sinnvollen Kreationen anregen. Hier folgt ein nostalgischer Blick auf Erfindungen, nützliche und lustige, aus der langen Geschichte der Noppensteine:

An der felsigen Küste von White Island, einer der Scilly-Inseln im Südwesten Englands, kleben unter Wasser größere Ansammlungen von LEGO Steinen. Sie stammen nicht aus einem unterge-

Altar aus LEGO Steinen bei einer Spendenaktion in Schweden

gangenen Schiff, sondern sind Bestandteil der meereskundlichen Forschung von Adrian H. Clayton von der Universität Exeter. Der Meeresbiologe erforscht nämlich die Spezies Neobisium maritinum, 3–4 Millimeter winzige Meeresskorpione.

Diese wirbellosen Tierchen leben normalerweise in den Schalen toter Muscheln. Zur Not nehmen sie aber auch mit künstlichen Behausungen vorlieb. Um sie ständig beobachten zu können, bastelte ihnen der Forscher deshalb gemütliche Häuschen aus LEGO Steinen. Und damit die maritimen Eigenheime nicht vom Atlantik zu heftig hin und her gerüttelt werden, befestigte er sie mit Messingschrauben und Kunstharzkleber an den Klippen. Die Meeresbewohner zogen begeistert in die unterseeische LEGO Siedlung ein. Der findige Forscher kann sie nun jederzeit mit dem Kescher daraus hervorholen und untersuchen. Auf seine Bitte hin bekam

Gerichtssaal aus LEGO Steinen. Im Bild mit den beiden Kindern (Modelle, nicht Zeugen) eine Rechtsanwältin des Liverpool Crown Court

Adrian H. Clayton aus Billund kostenloses Baumaterial für 50 weitere Skorpionhäuschen. Einem hoffnungsvollen jungen Künstler wurde hingegen die Unterstützung verweigert. Er bat um 120 000 LEGO Steine gratis, weil er den Fuß des Koloß von Rhodos in Originalgröße nachbauen wollte.

Auch Norma Canevali vom «Victim Support Service» (Opferbetreuungsdienst) des Liverpool Crown Court klopfte nicht umsonst in Billund an. Aufgabe des «Opferbetreuungsdienstes» ist es, Kinder, die als Zeugen vor Gericht auftreten müssen, schonend auf die Verhandlung und die Realität im Gerichtssaal vorzubereiten. Meistens werden sie in schlimmen Fällen von Mißhandlung und Mißbrauch angefordert. Die seelische Belastung, unter denen diese Kinder stehen, ist enorm. Treffen sie doch häufig im Gerichtssaal auf ihre Peiniger. Norma Canevali ist Sozialarbeiterin und kümmert sich um diese Mißbrauchsopfer. Lange Zeit benutzte sie das Pappmodell eines Gerichtssaals, um den kleinen Zeugen vor der

Verhandlung zu erklären, wer wo sitzt, wer wen was fragen wird und so weiter. Doch das Pappmodell war einfach nicht realistisch genug, die Kinder empfanden die Szenerie im tatsächlichen Gerichtssaal trotz der Vorbereitung als tiefen Schock. So kam Norma der Gedanke, das Modell aus einem Material zu formen, das Kindern lieb und vertraut war. Und da fast jedes Kind mit LEGO Steinen spielt, war der Schluß naheliegend, den Gerichtssaal aus den bunten Steinen nachzubilden.

Im nordwalisischen Wrexham, dem Sitz von LEGO U. K., fand man die Aufgabe spannend. Das kleine Gericht wurde in England nachgebaut, und so hilft nun ein kleiner Gerichtssaal aus DUPLO Steinen, das Trauma von Kindern vor Gericht zu lindern. «His Honour» Judge Wickham, der in Liverpool ein Richteramt bekleidet, weihte das Modell persönlich ein.

Der dänische Zahnarzt Ulrik Bertram vom Privatkrankenhaus «The Mermaid Clinic 2» in Ebeltoft, östlich von Aarhus, war lange Gastprofessor an der Universität von Kairo. Anläßlich eines seiner späteren Besuche zeigte man ihm in Kairo ein von einem gewissen Dr. El Mahdy, Professor der Zahnprothetik-Abteilung, entwickeltes, ganz besonderes Patent:

Wer nur noch wenige Zähne besitzt, bekommt normalerweise eine Vollprothese, deren schwimmende Aufhängung vielen Menschen Schwierigkeiten bereitet. Dieses Problem weiß man in Ägypten seit Jahren billig und effektiv zu lösen – mit Hilfe von Noppensteinen!

Normalerweise konserviert der Zahnarzt bei einer Vollprothese die beiden unteren Zähne durch Wurzelbehandlung. Er schleift die Zahnkronen ab und versieht die verbleibenden Wurzeln mit Metallkappen aus Silber-Palladium, an denen ein Druckknopfsystem wie in Kleidungsstücken befestigt wird.

Eine solche teure Prothese können sich nur wenige Ägypter leisten. Dr. El Mahdy entwickelte deshalb einen wesentlich billigeren Zahnersatz mittels eines bewährten Kupplungsprinzips. Er ver-

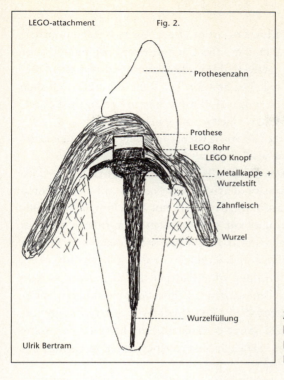

Zahnprothese, basierend auf dem LEGO Kupplungsprinzip

wendete dazu LEGO Steine aus den Kästen, die sein inzwischen erwachsener Sohn als Kind von Ulrik Bertram als Gastgeschenk bekommen hatte. Auf diese Weise stellte er gutsitzende Vollprothesen her.

Aus Wachs modelliert er dazu eine Kappe, schneidet eine Noppe vom LEGO Stein ab und setzt ihn darauf. Aus dieser Positivform wird auf der Basis einer Spezialformmasse eine Negativform für den Metallguß gebrannt. Der Metallabdruck der Kappe mit Knopf wird nun an der Zahnwurzel befestigt. Anschließend gießt der Zahntechniker je ein LEGO Innenrohr in die Eckzähne der Acryl-Prothese ein, wobei er sorgfältig auf genauesten Sitz und die exakte Parallel-Lage der Röhrchen achtet.

Der Verbrauch an Klötzchen ist moderat. Aus zwei Achtknopfsteinen werden «Attachements» für drei Patienten gewonnen. Das ist wesentlich billiger als die traditionelle Methode europäischer Dentisten. Vielleicht, regt Dr. Bertram an, sollte die LEGO Gruppe erwägen, im Zeichen sinkender Krankenkassenleistungen, die Zielgruppe um Eltern und Großeltern zu erweitern.

Noch ein weiterer Fall von wissenschaftlicher Instrumentalisierung der Klötzchen aus Billund sei erwähnt:

In der Fachzeitschrift «Bio Techniques» gibt Olivia Maria Cholewa von der University of Wisconsin-Madison in Madison ihren Kollegen einen Spartip, von dem nicht nur Forschungslabore, sondern auch Schulen und andere Lehranstalten profitieren können: Mit Hilfe der «Agarose-Gel-Elektrophorese» fraktioniert man in der klinischen Chemie und Serologie die durch Strom ausgelöste Wanderung und Trennung von geladenen Teilchen. Dazu werden Proteinlösungen in Petrischalen auf einen aus Meeresalgen gewonnenen Nährboden gegossen. Olivia Maria schlägt nun vor, die teuren Glasschälchen zu sparen und statt dessen die von ihr erprobte Methode zu wählen: Sie gießt die Proteinlösungen in Formen aus LEGO Steinen.

Was haben die Schüler Widar Jaensch aus Norwegen und Tulkou Kalou Rimpoche (8) aus Nepal gemeinsam? Eigentlich nichts – und doch würden sie sich, käme es irgendwann zu einer zufälligen Begegnung, viel mitzuteilen haben. Beide frönen nämlich einer großen Leidenschaft: dem Bauen mit LEGO Steinen. Tulkou Kalou Rimpoche ist trotz seines jugendlichen Alters in seiner Heimat schon eine äußerst wichtige Person, ein «Erleuchteter». Bereits im zarten Alter von vier Jahren wurde er von seinen Eltern getrennt und ins Kloster gebracht, um öffentlich zum zukünftigen Lama (Lenker) geweiht zu werden. Der kleine Kalou gilt als die Inkarnation seines im hohen Alter verstorbenen Vorgängers. Nach zwölfjähriger, harter Ausbildung wird er einmal als Abt die Leitung des ehrwürdigen Sonada-Tempels in Nepal übernehmen. Sogar der

Dalai Lama aus Tibet wohnte der feierlichen Einführungszeremonie bei. Dabei bekam Kalou jede Menge Geschenke, neben heiligen Opfergaben wie Reis, grünem Tee, heiligem Wasser auch Bücher, Musikinstrumente – und eine Menge LEGO Steine, denn sie sind sein Lieblingsspielzeug. So erweist sich an den berühmten Steinen, daß auch ein zukünftiger Heiliger – Gott sei Dank – ein spielendes Kind ist (siehe Farbbildteil).

Widar Jaensch andererseits, aus Tonsberg in Norwegen, besuchte 1992 die 11. Klasse einer Waldorfschule. Für seine Abschlußprüfung wählte der an Astronomie interessierte Teen etwas ganz Ausgefallenes. Er nahm sich vor, ein geozentrisches Planetenmodell zu bauen. Da er schon als kleiner Junge begeistert mit LEGO Steinen spielte, sollte es aus LEGO Elementen bestehen, vor allem aus den Zahnrädern des LEGO TECHNIC Programms.

Da Widars Taschengeld knapp war, bat er in Billund um Bauzubehör – und bekam es. Einzige Bedingung: ein Bericht über das, was er mit dem Geschenk anstellte. Der junge Norweger fotografierte das fertige Modell und schickte eine genaue Konstruktionsbeschreibung. Und die Leute in Billund staunten wieder einmal über den Einfallsreichtum und das technische Know-how ihrer jungen Fans: Das Getriebe für sein bewegliches Planetenmodell baute Widar aus LEGO Steinen und stellte es auf eine quadratische Bauplatte. Mit den Steuerrädern des Getriebes erzeugte er folgende Bewegungen: die Eigenrotation der Erde, die Mondbahn und die Sonnenbahn.

Ein kleiner Wagen aus LEGO Steinen symbolisierte die Sonne. Er war durch eine Stange mit dem komplizierten Radsatz des Getriebes verbunden und fuhr auf einem um die quadratische Bauplatte verlegten Schienenkreis herum. Außer der festmontierten Sonne trug der «Sonnenwagen» acht weitere Planeten. Sie hingen an Rädern und Drähten, die mit Stahlrohren unterschiedlicher Dicke und Länge verlötet wurden. In den Stahlrohren waren wiederum Zahnräder befestigt, die sich über Getriebe anderer Zahnräder drehten. Das geschah von Hand – für jeweils einen Planeten. In sein Tagebuch schrieb Widar damals: «Habe fieberhaft Übersetzungsverhältnisse und Zahnraddurchmesser berechnet und auf den Tisch geklebt. Ein geozentrisches Modell ist die beste Lösung, wenn es um die Wiedergabe der Winkel zwischen den Planeten und ihre Positionen im Verhältnis zum Tierkreis geht!»

Übrigens: Widar hat das Abi mit Glanz und Gloria bestanden.

Eines der ersten Produkte aus Kunststoff war eine Rassel in der Form eines Fisches, entworfen von GKC.

Der Ferguson-Traktor war ein voller Erfolg. Die Entwicklung des Prototyps dauerte fast ein Jahr und kostete deshalb beinahe so viel wie bei einem Traktor in voller Größe.

Der LEGO Name wurde mit einem Gummistempel auf die Unterseite der Waren gestempelt. Diese und andere Modelle entwarf GKC auf der Handwerkerschule.

Typische LEGO Produkte aus den frühen 50er Jahren. Das Mädchen und der Junge auf den unteren Schachteln sind Kjeld Kirk Kristiansen und seine Schwester Hanne.

Das Porträt (150x190 cm) von GKC, das die Familie Kirk Kristiansen von der dänischen Malerin Ann Holstein Ledreborg anfertigen ließ. Das Geld dafür war von LEGO Mitarbeitern in Dänemark im Sommer 1995 zum Gedächtnis an GKC für die LEGO Familie gesammelt worden.
GKC (mit seiner unvermeidlichen Zigarre) wächst auf dem Bild beinahe aus dem LEGOLAND Park in Billund heraus.

Prospekte aus den 60er Jahren zeigen neue, ansprechende Schachteln: außer den Grundschachteln (oben) taucht auch eine Eisenbahn auf.

Mit der Einführung der LEGO Figuren in den 70er Jahren erwachte die LEGO Idee zu noch bunterem Leben. Zuerst kamen die LEGO Figuren (1974), gefolgt von den DUPLO Figuren, den FABULAND Figuren (besonders für Mädchen bestimmt, 1979 bis 1990) und schließlich die bekannten LEGO Minifiguren (1978).

Titelseite eines Anfang der 80er Jahre in Japan erschienenen Kinderbuchs.

Telefonwertkarte aus den frühen 90er Jahren – Werbegeschenk der Vertriebsgesellschaft LEGO Japan (errichtet 1978) in Tokio.

| LEGO Elemente | Kopien |

LEGO und DUPLO Elemente bzw. Figuren und ihre Kopien, die zwar täuschend echt aussehen, aber an Qualität und Sicherheit nicht an die Originale heranreichen.

Kjeld Kirk Kristiansen, Generaldirektor und Haupteigentümer der LEGO Gruppe.
Das Foto wurde zu seinem 50. Geburtstag im Dezember 1997 anläßlich einer Presseaussendung aufgenommen.

**LEGOLAND Billund
(eröffnet im Juni 1968).
Ansicht der Stadt Ribe in
West-Jütland.
Aus der Kirche im Hintergrund
hört der Besucher beim
Vorübergehen Orgelmusik.**

**Interieur aus «Titanias Palast», seit 1980 in einem 600 m² großen
Saal in LEGOLAND Billund zu besichtigen. Der Miniaturpalast
der Elfenkönigin Titania, auf einer Auktion in London ersteigert,
ist mit über 3000 Kunstwerken aus den edelsten Materialien wie
Silber, Gold, Edelsteinen einer der weltweit größten seiner Art.**

«Trooping the Colour» – LEGO Soldaten, Blasmusikkapelle und die Queen mit ihrem Gefolge in LEGOLAND Windsor, das im März 1996 eröffnet wurde.

Das erste Plakat mit LEGO Figuren der UNHCR von 1994 (mit freundlicher Genehmigung der UNHCR).

Ersttagsstempel des 11. Mai 1989 – offizielle dänische Briefmarke, entworfen von Bo Linneman und in einer Auflage von über 17 Millionen Einzelmarken herausgebracht. Die Marke wurde gedruckt im Rahmen der allgemeinen Europäischen Themen-Publikation (CEPT) «Toys/play for children». Unvermutet fanden sich auch auf den Marken der Isle of Man und Gibraltars LEGO Steine abgebildet.

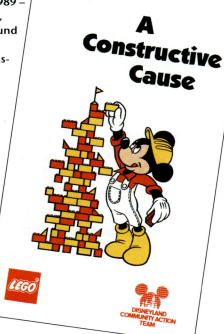

Mitte Oktober 1988. Eine Bau-Aktion für wohltätige Zwecke in Orange Country (LA) in der Shopping Mall «Main Palace, Santa Ana».

Titelseite der allgemeinen Firmenbroschüre der LEGO Gruppe: «Fantasie Auto» eines 8jährigen Mädchens (LEGO Informations- und PR-Abteilung, 1980).

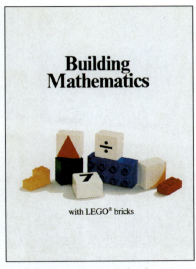

Australisches LEGO Lehrbuch aus dem Jahr 1983: Auf 28 Seiten werden Kindern mathematische Operationen anhand von leuchtend bunten LEGO Klötzchen nahegebracht.

Interne Kampagne Mitte der 70er Jahre: Die LEGO Führungskräfte wurden daran erinnert, daß ab Januar 1978 die Kommunikation innerhalb der LEGO Gruppe in Englisch stattfinden würde, um mühsame und kostspielige Interpretationsunterschiede im Verlauf der jährlichen Konzern-Meetings in Hinkunft zu vermeiden.

Im August 1996 wurden bei der Versteigerung einzelner Bauteile eines LEGO Modells der Dresdner Frauenkirche Spendengelder für den Wiederaufbau der wirklichen Frauenkirche gesammelt.

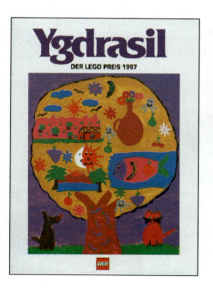

Der vierjährige Tulkou Kalou Rimpoche, Lama des nepalesischen Sonada Tempels.

Cover-Illustration der LEGO Festschrift «Ygdrasil 1997»: Eine Darstellung der Weltesche durch mexikanische Kinder.

LEGO Auto, das Kjeld Kirk Kristiansen Anfang der 60er Jahre gebaut hat. Heute im Haus der LEGO Idee.

Modell («Six Times Pieces» von Kit Williams) aus dem Katalog zu einer Wanderausstellung – «The Art of LEGO» (Großbritannien, 1988). In dieser hauptsächlich von der LEGO Gruppe gesponserten Ausstellung sollte veranschaulicht werden, wie die LEGO Bausteine namhafte britische Designer, Künstler und Kunsthandwerker beeinflußten.

Das «LEGO Watch System», ein LEGO Lifestyle Produkt von Crival (Dänemark und Schweiz) aus dem Jahr 1996.

Ansichtskarte, entworfen vom israelischen Künstler David Tartakover. Im Frühjahr 1994 wurde die LEGO Gruppe auf diese Karten aufmerksam und ersuchte den Künstler, von einer weiteren Verbreitung abzusehen – was auch geschah.

Ansichtskarte aus dem «Museum für Kunst und Gewerbe in Hamburg», von der die LEGO Gruppe erst im Herbst 1995 Kenntnis erhielt. Der Künstler ist unbekannt.

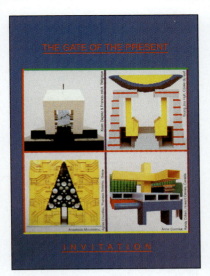

Einladung zur LEGO
Architektur-Ausstellung
«The Gate of the Present» von
1992–97, veranstaltet von
Stichting Kunstprojekten
(Albert Roskam), Holland,
und der LEGO Gruppe:
25 zeitgenössische LEGO Tore
von jungen Architekten aus
22 Ländern wurden gezeigt.

Deckblatt eines Werbefolders für Jørgen Leths Dokumetarfilm
«Moments of Play» aus dem Jahr 1986. Die LEGO Gruppe gab den
«ultimativen Film über das Spiel von Kindern und Erwachsenen
in verschiedenen Kulturen» bei dem dänischen Dichter und Filme-
macher in Auftrag.

Dieser LEGO TECHNIC Hund schmückte 1990/91 einen Verkaufskatalog in verschiedenen US-Computer-Museen.

Präsentation der ersten CD-ROM der LEGO Gruppe mit 3D-Konstruktionen für ein gelbes U-Boot (oberstes Bild).
Die CD-ROM war Teil eines LEGO TECHNIC Sets, das 1997 auf den Markt kam.

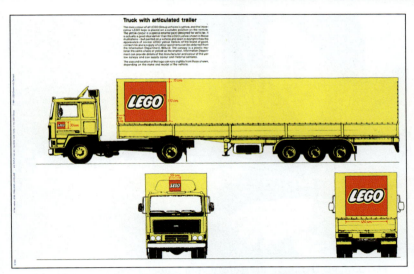

Darstellung aus dem LEGO Design Manual von 1995, dem dritten seit 1974. Es gibt grundsätzliche Anweisungen für die Visual Identity der LEGO Gruppe, hier: der große LEGO Lastwagen.

Kjeld Kirk Kristiansen mit dem neuen P-brick, dem intelligenten LEGO Stein, Januar 1998.

Intranetseite des LEGO Web vom 1. April 1998: Gezeigt wird das neue LEGO Logo, das nun allmählich das LEGO Logo von 1973 ersetzen wird.

LEGO MINDSTORMS: Pressefoto vom Januar 1998.

Das japanische Kaiserpaar, Kaiser Akihito und Kaiserin Michiko, besichtigen als Gäste des dänischen Kronprinzen Frederik (und Kjeld Kirk Kristiansens) das LEGOLAND in Billund, Pfingsten 1998.

LEGO Maniacs im Internet ○ Das globale Dorf, aus Klötzchen gebaut

Clare Douglas aus Thunder Bay in Kanada hat ein Riesenproblem. Im Internet klagt er sein Leid: «Auch als erwachsener Mann möchte ich als LEGO Fan ernst genommen werden. Immer wieder wünsche ich mir zum Geburtstag und zu Weihnachten von der Familie LEGO Steine. Aber keiner schenkt sie mir. Alle glauben, ich hätte eine Meise.»

Gott sei Dank hat Clare noch wahre Freunde, die ihn verstehen und trösten. Sie nennen sich LEGO Maniacs und wohnen überall auf der Welt, hauptsächlich aber in den USA. Ihre Wahlheimat heißt indes Internet – das weltweite Netzwerk, in dem jeder mitmischen kann. Vorausgesetzt, er ist mit einem PC, Modem, Telefonanschluß, Password und Abo gesegnet. Im Internet versammelt man sich bekanntlich nach Interesse oder Fachgebiet in sogenannten «conferences». Dann werden E-Mails, Computergrafiken und Artikel ausgetauscht.

Die Treffpunkte der LEGO Maniacs heißen LEGO World Wide Web (www.LEGO.com) oder «rec.toys.-lego.» Die größte elektronische LEGO Konferenz hat ihre Adresse im Rechner der amerikanischen Bradley University und wird von privaten LEGO Clubs im ganzen Land betreut. Unter den Benutzern sind viele Kinder, unter den Erwachsenen auffallend viele Ingenieure und Universitätsangestellte.

177

Der LEGO Kosmos ist für sie ein Kult-Phänomen à la Tintin, Harley Davidson und Elvis Presley. Peter Jessen aus Kopenhagen, in Billund geboren und ab und zu als Russisch-Dolmetscher für die LEGO Gruppe tätig, hat intensiv ins Netz hineingeschaut. Hier seine Schilderung:

«Jeder Tintin-Fan kennt sämtliche Comics von Herge. Ein Elvis-Anhänger weiß, in welchem Studio ‹That's all right, Mama› aufgenommen wurde (im Sun-Studio in Memphis). LEGO Maniacs wollen alles über ihr Lieblingsspielzeug wissen. In den USA erkennt man sie daran, daß sie die korrekte Bezeichnung LEGO bricks benutzen. Denn mit dem LEGO Warenzeichen läßt sich keine Mehrzahl bilden.»

Ein echter LEGO Maniac sammelt nach Serien und Produktprogrammen, besitzt sämtliche Artikelnummernverzeichnisse und kennt den Inhalt sämtlicher Kästen bis auf den letzten Stein. Natürlich weiß er auch, in welchem Jahr sie wo verkauft wurden. Seine Fragen schickt er einfach ins Netz und ruft die Antworten verwandter Seelen ab. Neuigkeiten über Neuheiten verbreiten sich im Netz wie ein Lauffeuer.

Ein hundertprozentiger LEGO Hardliner ist Jeffrey T. Krites. Seiner Netzadresse nach hat er ein Ingenieurstudium absolviert. Ihn faszinieren die Drachen-Welten, die man mit der LEGO Burg Linie bauen kann. Jeff hat eine komplette Liste mit allen Sets dieser Linie aufgestellt und sie mit einer hübschen, per PC-Tastatur erstellten Zeichnung garniert. Die Burg-Linie hat es überhaupt vielen Maniacs angetan. Ein gewisser T. Ogrin von der Bradley University hat sich daraus ein Spiel namens «LEGO Wars» und zwei weitere auf LEGO SYSTEM basierende Rollenspiele ausgedacht. Einen 22seitigen Ausdruck über die Regeln kann jeder im Netz abrufen. Da LEGO Wars von der friedlichen Linie des dänischen Unternehmens abweicht, betont der Autor, daß die Regeln in keiner Weise von der LEGO Gruppe genehmigt wurden.

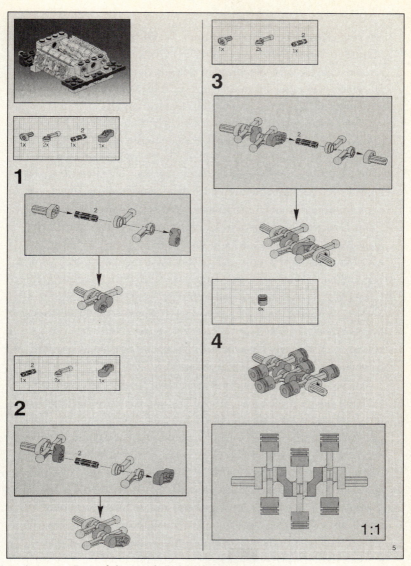

Internet-Bauanleitung eines LEGO Maniacs

179

Im Vergleich zu Europäern kommen US-Bürger nur selten nach Billund in den wirklichen LEGOLAND Park. Um so lieber ergötzen sie sich an Reise-Reportagen der Glücklichen, die es bis ins Spielzeug-Mekka schafften. Da wird sogar die langweiligste Anreise per Flugzeug, Bus und Bahn akribisch geschildert.

Diese elektronische Spielwelt entwickelte sich ohne die Mitwirkung der LEGO Gruppe. Deren Rechtsabteilung würde bei genauer Prüfung sicher vieles im Netz finden, was sie mißbilligt, unter anderem Beispiele unerlaubter Verwendung von LEGO Namen und Produkten. Es gibt im Netz auch Computerprogramme, mit denen man dreidimensionale LEGO Bauten erstellen kann.

Auch James S. Mantor, ein Polytechniker aus Rensselaer im US-Staat New York, bewegt sich am Rande des Zulässigen. Er hat Zugang zu einer Spritzgußmaschine und träumt davon, sich seine LEGO Steine selbst zu backen. Alles, was ihm fehlt, sind die Toleranzen für die Werkzeuge. Für läppische 200 Dollar, behauptet er im Netz, könne er die Produktion starten. Ein seriöser Konkurrent für den Konzern in Billund wäre er wohl nicht. LEGO Maniacs haben nämlich eines gemeinsam: Sie machen alles aus Spaß, geschäftliche Hintergedanken sind ihnen fremd.

Wird also das Internet eines Tages nicht nur ein Tummelplatz für Surfer, sondern auch das wichtigste Medium der LEGO Gruppe für den Kontakt zu Kindern und ihren Familien? Wie rasant das digitale Netz immer engmaschiger wird, beweisen folgende Zahlen: Am 22. März 1996 wurde der offizielle LEGO World Web Server ans Internet angeschlossen. Mit 28 HTML-Seiten, die in der Papierausgabe 100 DIN-A4-Seiten füllen würden.

Wer zwei Jahre später, im Juli 1998, im Suchprogramm Yahoo den LEGO Begriff anwählte, erhielt schon weltweit mehr als 172 000 Websites & Homepages, darunter dezidierte Listen mit allen lieferbaren LEGO Teilchen, Schulprojekte mit LEGO DACTA sowie unzählige Bauanleitungen für die skurrilsten Klötzchen-Kreationen.

Die Firma wagte den Sprung nach vorn und gründete einen Surfer Club. Der LEGO Surfer Club hatte im Sommer 1998 35 000 Mitglieder. Rund 15 000 neue kommen pro Woche dazu. Die Mitglieder rekrutieren sich aus aller Welt, aus Dänemark stammen nur 6 %, der Rest ähnelt in der Zusammensetzung der internationalen LEGO Gemeinde.

Clubmitglieder können sich Wallpapers, also Hintergrundbilder, Bildschirmschoner (PC-Pausenbilder) und digitale Videoclips herunterladen. Auf den HTML-Seiten werden erstmals Fax-Seiten als Formulare für Direktbestellungen angeboten.

Langweilige Werbebotschaften haben im Internet keine Chance. Die LEGO Gruppe entwickelte ein kleines Internet-Spiel für Kinder zwischen 7 und 12 Jahren, das nicht nur unterhält, sondern auch zum Spielen mit realen Steinen anregt. Ein Produkt dieser Art läuft unter dem Begriff «Advertainment», ein neuer Begriff, der sich, analog zu Infotainment und Edutainment, aus Advertising und Entertainment zusammensetzt.

Um Surfer an Land zu ziehen, benutzt die LEGO Gruppe das uralte, kindliche Vergnügen an der Schatzsuche. Seit Anfang 1996 kann man im weltweiten Web auf Schatzjagd ins Piratenmeer gehen. Außer dem fetten Schatz gilt es, Schaufeln, Flaschenpost und Schlüssel zu finden. Wer geschickt taktiert und zu den versenkten Preziosen vorstößt, kann sich ein Diplom ausdrucken und seinen Namen in die weltweite High-Score-Liste eintragen lassen. Ganz nebenbei erfährt der Spieler, welche LEGO Kästen Elemente des Piratenspiels enthalten.

Die LEGO Schatzsuche wurde gleich ein Renner. Nach zwei Wochen hatten bereits 23 800 Piraten ihr Glück versucht, wovon sich 1 600 auf der High-Score-Liste verewigt hatten. In Rekordzeit wurde das Spiel zum meistbesuchten Teil des Internet-Angebots.

Die Computer-Klötzchen ○ Denkspielzeuge für das digitale Zeitalter

Der alte Mann, der im Februar 1998 in London vor einem großen Aufgebot an internationaler Presse über die Ergebnisse seiner Forschung berichtete, war sichtlich gerührt. Mit über 70 Jahren sieht sich Seymour Papert, Inbegriff des zerstreuten Professors mit Rauschebart, endlich am Ziel. Kinder auf der ganzen Welt werden mit jener Art von Spielzeug spielen, die dem berühmten Mathematiker und Bildungsforscher seit mehr als dreißig Jahren vorschwebt. Nun endlich hat er die Grundlage für seine Vision bis zur Marktreife entwickelt: den Wunderchip, der Spielzeug intelligent macht.

Paperts Auftraggeber war die LEGO Gruppe. Mehr als zehn Jahre hat die Firma seine Ideen mit Millionen Dänenkronen finanziert. Auf dem pompösen Media Event in London spart der Professor denn auch nicht mit Lobesworten. «In den letzten 30 Jahren ist die Entwicklung des Spielzeugs zweimal revolutioniert worden», sagt er mit schwimmenden Augen, «einmal durch die Erfindung der LEGO Steine. Das zweite Mal durch die Bildschirm-Computerspiele von Nintendo bis zur Play Station. Die dritte Revolution besteht jetzt darin, daß Kinder von nun an ihre Computer benutzen können, um realen LEGO Modellen intelligentes Verhalten einzuprogrammieren.»

Mit der dritten Generation der LEGO Steine kann ein Kind jetzt nicht mehr nur Häuser, Motorräder oder Figuren zusammenset-

> «Ob Zinnsoldat oder Pinocchio, Kinder leben immer in und von der Vorstellung, ihr Spielzeug sei lebendig. Sie sind fasziniert von dem Gedanken, ihren eigenen Computer bauen und programmieren zu können. Und genau das ermöglicht jetzt die LEGO Gruppe.»
>
> (LEGO Boss Kjeld Kirk Kristiansen in London, Februar 1998)

zen, sondern es kann sie mit Paperts völlig neuer Technik auch zum Leben erwecken. Zum Beispiel kann es sich einen Roboter aus LEGO Steinen bauen und wie den Geist aus der Flasche auf allerlei ulkige Serviceleistungen abrichten. Der Roboter wirft auf Kommando vielleicht einen Basketball in einen Korb, mischt Spielkarten oder hebt schmutzige Socken vom Fußboden auf. Er könnte Papa und Mama im Wohnzimmer kleine Briefchen bringen oder auf Zuruf Coca-Cola servieren. Vielleicht stöbert er auch nach dem Willen seines Schöpfers im Kühlschrank nach Eßbarem herum oder haut dem Roboter des Nachbarjungen eins auf die Mütze.

Alles dies ist möglich, alles machbar. Die Fortschritte der Informationstechnologie ermöglichen es zum ersten Mal nun auch im Kinderzimmer, leblosen Dingen bestimmte Verhaltensweisen einzuprogrammieren. Drahtlose Zweiweg-Kommunikation heißt das Zauberwort. Man braucht dazu nur die neuen, programmierbaren Klötzchen, denen man beliebige Verhaltensweisen einimpfen kann.

Hirn des neuen Systems ist ein gelber Quader namens RCX, so groß wie eine Zigarettenschachtel. Er enthält einen Satz Batterien und einen simplen Mikrochip, wie er auch in Mobiltelefonen verwendet wird. Bevor man RCX in einen Roboter bauen kann, muß er mit Hilfe eines Personalcomputers programmiert werden. Gesteuert wird er dann per Computer oder Joystick.

Eines steht fest: Die dritte LEGO Produktgeneration wird alles verändern, was wir über Spielen zu wissen glauben. Denn die Paten des neuen Spielzeugs sind Lernforscher und Kybernetiker wie Pro-

Der programmierbare Stein RCX

fessor Seymour Papert, die nichts dem Zufall überlassen. Die Technik für die neuen LEGO Serien stammt aus dem Medienlabor des Massachusetts Institute of Technology MIT in Cambridge bei Boston und dem Billunder Entwicklungszentrum LEGO Futura. Seit anderthalb Jahrzehnten arbeiteten die Forscher und Produktentwickler am neuen Denkspielzeug für das digitale Zeitalter.

Der alte Mathematiker ist ein ungewöhnlicher Mann. Er gilt als einer der Pioniere des Lernens mittels Computer. Als seinen wichtigsten pädagogischen Lehrmeister betrachtet er Jean Piaget. Mit dem legendären Schweizer Entwicklungspsychologen und Pädagogen arbeitete er mehrere Jahre in Genf zusammen. Anschließend ging er in die USA und wurde dort einer der Mitbegründer des berühmten Labors für künstliche Intelligenz am Massachusetts Institute of Technology MIT.

Seymour Papert, LEGO Professor für Lernforschung am MIT in Boston, Massachusetts

Schon früh wetterte Papert gegen die herkömmliche Schulpädagogik, deren grundlegender Fehler darin bestehe, daß der Unterricht vollkommen am Lernverhalten der Kinder vorbeigehe. «Alle Methoden und Vorgehensweisen in unserer Gesellschaft verändern sich explosiv, nur die Schule bleibt, wie sie ist», sagt der Wissenschaftler. «Beim Schreiben, Lesen und in anderen Schulfächern hat sich kaum etwas geändert. Die Kinder lernen dadurch so gut wie nichts. Höchstens ein Millionstel des Wissens der Welt wird durch die Schule vermittelt. Und der Rest? Wir verpulvern all unsere Kräfte, um Kindern diesen winzigen Teil des Wissens einzutrichtern. Warum gibt es statt dessen kein Fach mit dem Titel ‹Lernen lernen› oder auch ‹Spielen lernen›?»

Zum Glück, so Seymour Paperts Erfahrung, wissen Kinder ganz genau, worauf es ankommt. Wenn sie nur wollen, lernen sie innerhalb kürzester Zeit freiwillig mehr, als ihnen während ihrer ganzen Schulzeit eingetrichtert wird. Und darum geht es dem engagierten

Lernforscher: Kindern das Lernen beizubringen, ohne ihre natürliche Neugier im öden Lehrstoff zu ersticken.

Papert hatte schon vor Jahrzehnten den Wert des forschenden Lernens propagiert. Immer wieder betonte er, daß Kinder am besten lernen, wenn sie etwas konstruieren können: «Etwas begreifen», so seine wichtigste Aussage, «heißt, es zu erfinden.» Lernen nicht durch Instruktion, sondern durch Konstruktion, lautet seine Botschaft – ein glatter Widerspruch zu der bisherigen, seit Jahrhunderten an Schulen genährten Überzeugung, daß Lernen vorwiegend auf Unterweisung basiere.

1980 schrieb der Professor sein berühmtes Buch «Mindstorms». Paperts pädagogische Theorie des «Konstruktivismus» geht davon aus, daß Kinder am leichtesten Wissen erwerben, wenn sie aktiv Gegenstände ihrer Umwelt bearbeiten. Der Professor: «Man kann Kindern viel leichter das Programmieren beibringen, wenn es mit ihrer realen Welt zu tun hat, als wenn es nur um abstrakte Dinge auf dem Bildschirm geht.» Seine These: «Nur wenn Kinder ihren Ideen folgen können, erwerben sie wie von selbst die Fähigkeiten, die sie heute am nötigsten brauchen: Sie lernen, komplizierte Vorhaben zu bewältigen und sich selbständig voranzutasten, statt nur auf Instruktionen zu warten.»

Schon vor über 20 Jahren dachte sich Papert eine einfache Programmiersprache namens Logo für Kinder aus. Um mit Logo zu kommunizieren, baute der Professor eine Schildkröte: ein kleines rundes Gefährt auf vier Rädern, ausgestattet mit Sensoren und Motoren. Die Schildkröte führte ein begrenztes Eigenleben: Sie konnte immerhin Figuren zeichnen und während der Fahrt Hindernissen ausweichen. Kinder programmierten sie in Schulversuchen mit Logo und lernten so ganz nebenbei eine Menge Informatik. Logo verbreitete sich rasch über die ganze Welt.

Mit Logo wurden am MIT wunderliche Objekte ersonnen und mit späten Abkömmlingen der Schildkrötensprache verfeinert: Glasperlen, die sich verfärben, je nachdem, wie man sie auffädelt, weil sie miteinander Daten austauschen. Gummibälle, die erglühen, wenn man sie schleudert, weil sie einen Beschleuniger verbergen. Lauter Mirakel-Spielzeuge, die für den Forscher nur einen Zweck erfüllen: Kinder sollen wieder mit ihren Händen begreifen und lernen. Seymour will sie vom Bildschirm zurück in die Welt des Faßbaren holen. Doch Logo hatte einen großen Nachteil. Es ließ sich nur über die Tastatur des Computers programmieren – für Kinder mühsam und irgendwann langweilig.

Mitte der achtziger Jahre suchte der Professor daher nach einem Ersatz für seine klobige, unbewegliche Schildkröte. Da fielen ihm die vielseitigen LEGO Steine ein. Umgekehrt war auch die Firma auf Seymour Papert aufmerksam geworden. Man hatte ihn mit seinen «Turtles» im dänischen Fernsehen gesehen. Der erfindungsreiche Amerikaner erschien als genialer Partner für ein Unternehmen, das nach Inspirationen suchte. Nach Denkanstößen für die Lösung eines brennenden Problems, das alle Hersteller von Spielzeug seit geraumer Zeit haben: die stark veränderte Art, wie und womit Kinder heute ihre Zeit verbringen. Im Falle der LEGO Gruppe längst nicht mehr nur mit Klötzchenbauen. Eine Welt, in der sich ständig alles rasant verändert, macht auch vor der Kinderwelt nicht halt. Anders formuliert: Der Konzern stand unter Druck.

Immer mehr Elektronik erobert die Kinderzimmer. Computerchips sind in der Spielzeug-Branche bereits weit verbreitet, in jedem dritten Spielzeug steckt schon jetzt digitale Logik. Der US-Konzern Mattel zum Beispiel pflanzte seiner Barbie-Puppe einen Prozessor ein, damit sie dem Kind etwas vorplappern kann. Nur dank des neuen elektronischen Spielzeugs und der zahllosen Videospiele kann der Fachhandel seine Umsätze nach starken Rückgängen heute noch konstant halten. Die große Herausforderung an die Spielzeugmacher besteht darin herauszufinden, wie sich die Spielgewohnheiten der Kinder von heute verändert haben.

LEGO Computer erobern die Kinderzimmer: LEGO TECHNIC CyberMaster, 1998

Auch den erfolgsverwöhnten Billundern wehte nach Jahrzehnten rauschender Erfolge der kalte Wind ins Gesicht. Auf zentralen Märkten wie Deutschland, Frankreich, Italien, Schweden und der Schweiz fuhr die LEGO Gruppe ab Anfang der Neunziger Verluste ein. Die Situation erinnerte an den Anfang der achtziger Jahre. Auch damals schrillten die Alarmglocken: Eine Absatzflaute war ausgebrochen. Es gab Kurzarbeit, Entlassungen. In Billund mußten im Frühjahr 1983 250 Leute gekündigt werden. Die meisten von ihnen konnten aber bald wieder eingestellt werden. Denn im rechten Augenblick gelang dann der große Wurf: Man enterte die Babykörbchen mit der neuen DUPLO Baby Linie (heute LEGO PRIMO). Drei Jahre hatte das LEGO Futura Team damals an der Entwicklung von sechs Rasseln mit den unverkennbaren Knöpfen aus Dänemark gearbeitet.

Jetzt, in den neunziger Jahren, schien die Zeit wieder reif. Etwas völlig Neues mußte her, eine Entwicklung im digitalen Bereich. Denn bisher waren die Vorgaben immer vom Hersteller gekommen, nicht vom Kind. Die Puppe oder das Auto, das auf Knopfdruck das immer gleiche, einprogrammierte Verhalten wiederholt, vermag Kinder in der Regel nicht lange zu fesseln. Vielleicht konnte der Forscher Seymour Papert das ändern?

Man kam einander näher. Fortan beteiligte sich die Firma an der Entwicklung neuer digitaler Erfindungen des MIT-Instituts. Sie finanzierte unter anderem ab 1989 Paperts Lehrstuhl für «Learning Research», den ersten LEGO Lehrstuhl der Welt. Nach amerikanischem Brauch nennt sich Seymour Papert nunmehr «LEGO Professor für Lernforschung».

Im Gegenzug hauchten er und seine Wissenschaftler, neben den MIT-Leuten auch eine beträchtliche Anzahl von Entwicklern in Billund, den bunten Quadern Leben ein. Wertvolle Denkanstöße für seine Erfindung bekam Papert von seiner Zielgruppe: Kinder im Alter von 9 bis 13 Jahren, die der Lernforscher und seine Mitarbeiter regelmäßig zum Spielen und Ausprobieren in ihr Institut bei Boston einladen. So auch bei der Entwicklung von LEGO MINDSTORMS.

Baut man ein Fahrzeug, das über einen Lichtsensor verfügt, kann man mit relativ einfachen, einprogrammierten Regeln bereits ein komplexes Verhalten erzeugen. Die Kinder, denen die Forscher dies vormachten, zogen begeistert mit und konstruierten mit Feuereifer interessante kleine Maschinen. Zum Beispiel baute ein neunjähriges Mädchen ein Futterbrett und verband es digital mit einer Kamera, die Aufnahmen von den Vögeln machte. Andere von Seymour Paperts kreativen Kids bauten Musikinstrumente, die sie so programmierten, daß sie auf verschiedene Farbsignale hin entsprechende Melodien abspielten.

Zwei 8jährige Mädchen nahmen sich vor, eine Katzenmutter und ein Katzenbaby zu bauen. Sie brauchten Monate dazu, aber sie schafften es. Jetzt kurven zwei Katzen durch die MIT-Räume. Zufallsgesteuert! Wenn das Junge piepst und mit den Leuchtdioden-Augen blinkt, kommt die Mutter herbeigeschnurrt. Auch eine Alarmanlage mit Strichcodeleser und ein automatischer Lichtausschalter wurden im MIT in Zusammenarbeit mit den LEGO Futura Leuten erfunden. Alles von Kindern!

Im Auftrag der Dänen und von ihnen gesponsert, machte sich die Truppe um Seymour am MIT mit den Produktentwicklern bei LEGO Futura ab 1986 in jahrelanger Arbeit daran, das programmierbare Klötzchen zu entwickeln. Bereits 1986 hatte die LEGO Gruppe ihr erstes Computerprodukt lanciert, LEGO DACTA Computer Control, das nur an Schulen verkauft wurde. Die Zusammenarbeit mit Seymour Papert fügte sich also nahtlos in die langfristige Firmenstrategie. Sie baute Prototypen des sogenannten P-brick (programmable brick – eine Art «Black Box» mit eingebautem Computer und Batterien), doch es dauerte lange, bis die Technik so klein und billig geworden war, daß man an die praktische Umsetzung denken konnte. Jetzt steckt im P-brick derselbe Chip wie in einer Reihe elektronischer Gebrauchsgüter, etwa in Handy-Phones, digitalen Tonbandgeräten und Druckern. Die zweite Herausforderung war eine zuverlässige, schnelle und drahtlose Zweiweg-Kommunikation, mit deren Hilfe die virtuelle Welt auf dem Computerbildschirm mit der des LEGO Modells auf dem Fußboden verschmolz.

Bald hatten die Entwickler auch die Grundelemente von LEGO TECHNIC CyberMaster fix und fertig. Doch das Projekt wurde erst einmal auf Eis gelegt. Die Zeit, fanden die Erfinder, war noch nicht reif. Für die Art von «lebendigem Spielzeug», die man sich wünschte, brauchte man Multimedia-Kapazitäten, die erst seit kurzem Standard geworden sind. Man fand es wichtig, das Programmieren für Kinder visuell zu gestalten. Kein Kind sollte sich bei CyberMaster mit textgebundener Programmierung beschäftigen. Der spielerische Aspekt hatte absoluten Vorrang. Programmieren sollte

ausschließlich anhand von gezeichneten Strichen und durch An-
bringung von Gegenständen auf dem Schirm erfolgen.

1995 ging es weiter. In den Labors in Billund wurden aus den
Entwicklungen von MIT und LEGO Futura zwei marktfähige Produkte. Die MINDSTORMS Serie heißt nach Paperts weltberühm-
tem Buch «Mindstorms». Der Bausatz «LEGO TECHNIC Cyber-
Master» zielt mehr auf Action-Fans ab. Das Herzstück der neuen
Technik ist bei beiden Serien ein Kästchen mit einem Microchip.
Dieser Chip läßt sich dann von einem gewöhnlichen PC und über
Infrarot oder Funk so programmieren, daß sich das Modell auto-
nom bewegen kann. Viele der an der Entwicklung beteiligten Pro-
grammierer hatten bereits für Großproduzenten von Computer-
spielen gearbeitet. Das CyberMaster-Team spielte sich durch
Dutzende von Konzepten. Mehr als einhundert Kinder wurden
eingeladen, das CyberMaster-Erzeugnis zu testen. Langsam er-
wachten eine «Fantasy World», eine «Futuristic City» und vier virtuelle Gestalten zum Leben.

Die größte Herausforderung war, den Kids zu vermitteln,
wann man sich auf den Computer und wann auf die LEGO Modelle auf dem Fußboden konzentrieren sollte. Kinder und Erwachsene haben unterschiedliche Vorstellungen von Spaß, die
nicht immer kompatibel sind. Software-Entwickler Bo Nielsen
meint dazu: «Oft erlebten wir, daß wir mit unseren Erwachse-
nenvorstellungen von Spaß total falsch lagen. Bei anderen Gele-
genheiten waren wir überrascht, wieviel unerwarteten Spaß wir
hatten. Wir merkten, daß wir mit unserem Verstand allein nicht
weiterkamen. Deshalb machten wir montags nichts als Brainstor-
ming, und freitags wurden nur die Prototypen durch die Kinder
getestet.»

Ein hartes Stück Arbeit war es, Animation und Laut zu koppeln,
um die Aufmerksamkeit zur rechten Zeit an Ort und Stelle zu lenken. Um eine sofortige Kommunikation zwischen CyberMaster-
Modellen und dem Computer zu gewährleisten, beschloß man in

Billund, die Technik der Radiotransmission einzusetzen. Eine Infrarotverbindung wäre zwar viel einfacher gewesen, aber, so Chief Engineer Allan Toft: «Unsere Spiele erfordern eine ununterbrochene Zweiweg-Kommunikation, selbst wenn die Figuren keinen direkten Kontakt zum Computer haben.»

Die CyberMaster CD-ROM enthält Animationsfolgen, in denen die virtuellen Figuren den Betrachter durch die virtuelle Landschaft leiten. Auf der Scheibe sind außerdem zahlreiche Bauanleitungen zu finden. Ein ähnliches System wurde auch für Flugzeugtechniker entwickelt.

Für die Entwicklung der neuen Computerprogramme haben die Billunder Millionen von Dollar investiert! Geht alles nach Plan, so werden ab 2005 die analogen Klötzchen weiterhin 75 Prozent des Umsatzes ausmachen. Die übrigen 25 Prozent sollen durch die «digitalen Klötze», Lizenzprodukte, Mediaprodukte und LEGO-LAND Parks hereinkommen.

Spielzeuge, in deren Digitalhirne Kinder selbst eingreifen können, hat es noch nie zuvor gegeben. Die Entwicklung und Vermarktung dieser Weltneuheit blieb den Erben des dänischen Tischlers Ole Kirk Christiansen vorbehalten. Für nicht wenige Erwachsene ist es schon eine Herausforderung, den Inhalt eines Überraschungseis richtig zusammenzusetzen. Wie aber bewältigen dann kleine Kinder den PC?

Diese Frage, die sich Erwachsene angesichts der rasanten Fortschritte in der Spielzeugindustrie stellen mögen, erübrigt sich, wenn man bedenkt, daß die Kleinen mit der Computertechnologie aufwachsen. In westeuropäischen Ländern gehört ein Computer in 20 bis 40 Prozent der Haushalte mit Kindern mittlerweile zum Inventar. Seymour Papert meint, daß durch das Programmieren Kreativität, Konzentration, handwerkliches Können, ganzheitliches und räumliches, aber auch analytisches und kritisches Denken gefordert und gefördert würden.

«Als eines der Kinder mit dem Prototypen zu sprechen begann, wußten wir, daß die Richtung stimmt», erinnert sich ein leitender Mitarbeiter des Entwicklungsprojekts. «Daß Kinder unsere Modelle wie lebende Wesen behandeln, war für uns der Beweis dafür, unser Konzept geht auf.»

Die Programmiersprache der neuen Technik ist kindgerecht. Die Kids müssen keine Computercodes eintippen. Alle verfügbaren Befehle erscheinen als bunte Klötzchen auf dem Bildschirm. Trotz des komplexen Aufbaus wird CyberMaster ohne Handbuch geliefert. «Kinder lesen keine Handbücher», kommentiert LEGO Software Producer Bo Nielsen. Statt dessen programmieren Kinder selbst am PC, wie sich eins ihrer Geschöpfe verhalten und was es tun soll. Es soll nämlich vielleicht mit einer Taschenlampe hinter seinem kindlichen Herrn und Meister herzuckeln oder ungebetene Besucher anfallen. Oder als einer der beiden LEGO Gladiatoren Crusher und Stinger in den Kampf ziehen.

Kinder, die im Auftrag der Firma mit dem Wunderchip arbeiteten, wünschten sich immer wieder nur eins: «Wir wollen etwas Nützliches damit bauen!» Und auch dieser Wunsch ist realisierbar, wie man anläßlich des Symposiums in London sehen konnte: Der Roboter, den die Experten präsentierten, kurvte unermüdlich über den Teppichboden, pickte mit seinen Klauen alle herumliegenden Kleinteile auf, die er finden konnte, und verstaute sie ordentlich in einer Kiste.

In Seymour Paperts jüngstem Buch «The Children's Machine» legt der Wissenschaftler anhand einzelner Beispiele dar, wie Kinder, durchschnittlich befähigte, hochbegabte, schulmüde und strebsame gleichermaßen, durch Computer und Klötzchen neues Vertrauen in die eigenen Fähigkeiten gewinnen und wieder Sinn und Spaß in der Schule finden können.

Unter anderem schreibt Papert: «Wer so viele Menschen im lehrreichen Spiel fesselt, wie das bei LEGO Produkten und Nintendo der Fall ist, beherrscht etwas, von dem jeder Lehrer, der die Auf-

Die LEGO Gladiatoren Stinger und Crusher, 1998

merksamkeit von 30 Kindern kaum 20 Minuten auf seinen Lehrstoff lenken kann, sich eine Scheibe abschneiden sollte.» Seine neueste Forderung lautet: «Weil Kinder die neuen Technologien brauchen, gehören Computer und LEGO Produkte überall in die Schulen.» Wenn etwas die Schule verändern könne, dann diese beiden Instrumente in den Händen von Schülern.

Bei so viel uneingeschränkter Computergläubigkeit bleiben natürlich pädagogische Bedenken von anderen Seiten nicht aus. Wird Kindern hier nicht etwa nur ein vereinfachtes, mechanistisches Weltbild vermittelt? Werden sie nicht um ihre «primären Erfahrungen», die natürliche Umwelt mit den Sinnen zu erobern, betrogen? Sollten sie nicht lieber mit lebendigen Mistkäfern und Regenwürmern spielen, statt mit – und seien es noch so findige Roboter – programmierten Maschinen? Werden sie nicht eines Tages glauben, lebende Schildkröten und Goldhamster funktionierten genauso wie die bunten Kunststoff-Figuren mit dem Mikrochip?

Professor Papert hält solchen Einwänden entgegen: «Unsere Kinder können die Verhaltensweisen ihrer Wesen selbst bestimmen. So finden sie sehr schnell heraus, daß diese einfachen Programme weit von komplexem menschlichem Verhalten entfernt sind.» Eindringlich weist er darauf hin, daß seine Schöpfung anders sei als das tumbe Tamagotchi, daß sein programmierbares Klötzchen im Gegenteil die geistlose und zwanghafte Welt der Videospiele knacken, das Tamagotchi-Küken austricksen und «die Kinder aus der Isolation vorm Bildschirm befreien» werde. Für Seymour Papert «findet der LEGO Konzern mit den neuen, programmierbaren Klötzchen wieder zu seinen Wurzeln zurück – zu einem System einfacher Bausteine, aus dem alles Erdenkliche entstehen kann»!

Bedeutet dies das Ende des klassischen LEGO Steins? Sind die Stunden selbstvergessenen kindlichen Bauens gezählt? Wird von nun an nur noch technische Perfektion trainiert? Die Erfinder weisen dies entschieden zurück: Die neuen Produkte sollen Kinder nur für die zunehmende Automatisierung und Digitalisierung des Computerzeitalters rüsten. Kevin Warwick, Professor für Kybernetik an der Universität von Reading in Großbritannien, betrachtet sie sogar als echte Lebenshilfe. «In zwanzig bis dreißig Jahren», so Warwick nonchalant, «sind Roboter so intelligent wie Menschen.» Kinder, die sich früh mit diesen Produkten auseinandersetzen, seien später diejenigen, die unsere Zukunft gestalten werden. «Die Kinder von morgen werden ihre eigenen Projektmanager sein, die sich früh an wissenschaftlich-experimentelles Denken gewöhnen: Problem, Hypothese, Experiment, Lösung. Sie sollen am Computer und am denkenden Stein bestens vorbereitet werden, Jobs in technologischen Berufen und in der Verteidigungsindustrie zu übernehmen.»

Die Ziele in Billund sind nicht minder hoch gesteckt als diejenigen am MIT. Weltweit wollen die Dänen Lernzentren einrichten, um schon Achtjährige samt ihren Familien an die Roboter-Technologien heranzuführen, sie darin zu schulen – und natürlich an die Marke zu binden. Die ersten Lernzentren existieren bereits, nämlich im «Museum of Science and Industries» in Chicago, in LEGOLAND Billund und in LEGOLAND Windsor.

Damit aber nicht genug. Ein direkter Internet-Anschluß zur LEGO Homepage bewirkt, daß sich die Ideen zum Bau schnell umsetzen lassen. Man muß nicht Zukunftsforscher sein, um voraussagen zu können, daß es in den Kinderzimmern spannend werden wird. Häuslebauen und Autos mit Gummizugantrieb basteln wird wohl bald nur noch ein Zeitvertreib für hoffnungslose Nostalgiker sein.

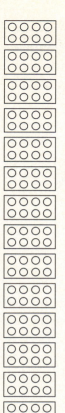

Die LEGO Generation ○
Eine Weltsprache wie Englisch und Microsoft?

Ein bis zwei Generationen der Menschheit sind nun schon mit den Steinchen aufgewachsen. Bisher wurden weit über 189 Milliarden LEGO Steine in 60 000 Geschäften auf der ganzen Welt verkauft.

Sie werden gewissermaßen «weitervererbt», wie ein Firmensprecher sagt. Der Kunststoff, aus dem sie bestehen, gewährleistet erst die Festigkeit, die beim Bauen absolute Präzision und dauerhafte Klemmkraft garantiert. Alle LEGO und DUPLO Produkte werden aus Thermoplasten hergestellt. Diese Kunststoffe werden bei 235 °C zum Schmelzen gebracht, unter Druck in eine Form gespritzt, in der sie nach der Abkühlung erstarren. Thermoplasten sind «gesunde» Materialien, sie enthalten, anders als viele billige Konkurrenzprodukte, keine Schwermetalle, wie Cadmium und Blei, noch andere Zusätze, die für Kinder gesundheitsbedenklich wären. Man kann sie mehrfach schmelzen und formen, macht man das aber allzuoft, verlieren sie einige ihrer guten Eigenschaften.

Der mengenmäßig am meisten verwendete LEGO Rohstoff ist ABS (Acrylnitrit Butadien-Styrol). Er sorgt für die typischen leuchtenden Farben, für Formstabilität und Widerstandsfähigkeit. Standardelemente und ein Teil der Bauplatten werden aus ihm gegossen. Eimer, Sortierkoffer und andere Behältnisse sind aus PP (Polypropylen). Für transparente Elemente wird PC (Polycarbonat) verwendet.

«Die universale Sprache heißt weder Englisch noch Microsoft, sondern Lego. Wer glaubt, so ein Kunststoffbaustein könne doch die Welt nicht verändern, ist naiv. Das haben die Steine bereits in demselben Maße getan wie die Buchstaben des Alphabets.»

(Douglas Coupland, Autor, in einem Interview
mit dem dänischen Journalisten Frits Bredal)

Die LEGO Gruppe hat strenge Regeln für die Beachtung des Umweltschutzes aufgestellt. In ihren überall auf der Welt verstreuten Fabriken wird alles getan, um Abfall zu minimieren und wiederzuverwerten. Spritzgußwerkzeuge sind so konstruiert, daß kaum Abfall entsteht. 99 % der Kunststoffabfälle werden recycelt. Zerkleinert und mit Primär-Kunststoffen vermischt, werden sie zu neuen LEGO Elementen gepreßt. Allerdings ist, wie es auch in einer Schrift der LEGO Gruppe heißt, «Abfall ... - gleich was, wie und wo man produziert ...» zum gegenwärtigen Zeitpunkt nicht ganz zu vermeiden. Die Bemühungen um den Umweltschutz haben jedenfalls dazu geführt, daß im Jahr 1997 etwa die nicht wiederverwerteten Kunststoffabfälle weniger als ein Prozent des gesamten Rohstoffverbrauchs ausmachen.

Dennoch – die Klötzchen selbst sind schier unbegrenzt haltbar. Sie verfallen und verrotten nicht. Sie haben gewissermaßen Ewigkeitswert, wie der LEGO Stern im All.

Der Journalist Frits Bredal hat in einem Beitrag für das «Cultural Magazine» der Danish Broadcasting Corporation, der später auch in Zeitschriften veröffentlicht wurde, gezeigt, wie sehr das «System LEGO» Eingang in unseren Alltag gefunden hat. So wird der Name LEGO von vielen Menschen schon als Allgemeinbegriff verwendet. So wie man Aspirin sagt, als Synonym für eine Schmerztablette, oder Tempo für Papiertaschentuch. Wenn sie das Prinzip ihrer neuen Produkte erklären wollen, greifen Industriedesigner in aller

Dekoration des LEGO Stands auf der Londoner Spielwarenmesse 1998

Welt zum Ausdruck «LEGO System». Ingenieure, die vergeblich versuchen, technischen Analphabeten ihre Idee zu erklären, sagen einfach: «Das funktioniert nach dem ‹LEGO System›», und jeder weiß dann, was gemeint ist. Auch Jens Bernsen, selbst Ingenieur und Direktor des «Dänischen Design Centers», weiß, wovon er spricht: ein System, das in seiner genialen Einfachheit darin besteht, aus simplen Grundelementen die kompliziertesten Dinge aufzubauen.

Überall auf der Erde lebt eine beachtliche Anzahl von Menschen, auch älteren Jahrgangs, die mit dem LEGO System als primärem Grundstrukturierungsmodell für ihren Weltbauplan «kultiviert» und konditioniert wurden.

Der 1961 geborene und heute in Vancouver lebende kanadische Schriftsteller Douglas Coupland ist einer von ihnen. Schon als Kind war er ein LEGO Freak, ist es bis heute geblieben und bekennt sich dazu. Im Interview mit Frits Bredal sagte er: «Die Lego Philosophie wurde Generationen ins Netzwerk der Gehirnneuronen einprogrammiert. So etwas kann nicht ohne Auswirkungen auf die heutige Situation der Technik, Wissenschaft, der menschlichen Zivilisation bleiben.»

Karla hat Dusty gefragt, was sie von Lego hielte, und die fing an zu motzen:

«Was ich von Lego halte? Lego ist Teufelszeug. Diese vermeintlich ‹pädagogisch wertvollen› kleinen Bausteine zu einem sorgenfreien, glücklichen Leben haben in die Gehirne der Kinder aus den informationsorientierten Industrienationen unwiderruflich das Bild einer nach dem Baukastenprinzip aufgebauten, sterilen, anorganischen und austauschbar modularen Welt eingebrannt, bevölkert von leeren, arm- und beinamputierten Kreaturen, die ständig verzückt lächeln, als gehörten sie irgendeiner Sekte an. Lego ist direkt oder indirekt für alles verantwortlich. Von postmoderner Architektur (ein Verbrechen) bis zur analen Fixierung der Mittelklasse auf den perfekt gemähten Rasen ...

Lego fördert ein unverhältnismäßig mechanistisches Weltbild, das, wenn es sich erst mal in den Köpfen festgesetzt hat, beim besten Willen nicht mehr aus ihnen herauszukriegen ist.»

«Sonst noch was, Dusty?»

«Ja. Lego ist das ideale Mittel, um eine Gesellschaft zu schaffen, die keine Gerüche, keine Exkremente, keine Abweichungen von gesellschaftlichen Normen, keinen Verfall, keine unscharfen Konturen, keine Bazillen, ja, nicht mal den Tod duldet. Versucht mal, euch einen Wald aus Lego vorzustellen. Na? Habt ihr schon mal Lego aus Eis gesehen? Aus Dung? Aus Holz? Eisen? Aus Torfmoos? Nein – komisch, was?»

> (Aus: Douglas Coupland «Microsklaven» Hoffmann und Campe
> Verlag, Hamburg)

Coupland machte mit seinem Buch «Generation X» Furore, das die Zukunftsperspektiven der Generation der 30jährigen schildert und inzwischen in den USA und Amerika Kultstatus erlangt hat. In den Büchern Couplands tauchen wieder und wieder die Klötzchen aus Billund auf.

Douglas Coupland ist davon überzeugt, daß Menschen, die heute weltweit an den Schalthebeln einer immer globaler werdenden Industrie sitzen, all die Ingenieure, Forscher, Wissenschaftler, als Kinder in der Regel mit LEGO Steinen spielten. Denn: «Nur sie können sich komplexe Systeme vorstellen, sie denken dreidimensional, modular, systemisch, binär.»

Die Steinchen, behauptet er, spielten statistisch im Leben von Computerleuten eine viel größere Rolle als in der Gesamtbevölkerung. Alle Computertechniker beschäftigten sich in ihrer Kindheit nachweislich sehr viel mit ihnen, einer hochspezialisierten Spielkultur, welche die Isolation fördere. Der LEGO Stein sei der gemeinsame Nenner dieser Kinder, und man könne guten Gewissens behaupten, daß LEGO Bauen eine effektive dreidimensionale Modellierhilfe und eine eigene Sprache sei. Werde ein Kind aber längere Zeit mit einer Sprache, sei sie visuell oder verbal, konfrontiert, verändere das zweifelsfrei die Art, wie es seine Umgebung wahrnehme. «Lego», läßt Coupland einen seiner hochintelligenten, jugendlichen Protagonisten namens Abe im Roman «Microsklaven» sagen, «ähnelt in ontologischer Hinsicht dem Computer. Das heißt, ein Computer, für sich genommen, ist nun ja gar nichts. Er wird erst durch eine bestimmte Anwendung zu dem, was er ist. Das gleiche gilt für Lego.» Ein PC oder ein LEGO Stein an sich seien leblos und ohne Sinn.

Der junge kanadische Schriftsteller setzt hohe Erwartungen in die Hersteller der Klötzchen: «Künstliche Intelligenz», so Douglas Coupland zu Frits Bredal, «wird morgen wahrscheinlich nicht im Silicon Valley oder in Seattle (Sitz von Microsoft) geschaffen, es wird in Billund geschehen, wenn man dort seine Trümpfe richtig ausspielt. Wenn sich die klarmachen, mit was sie es zu tun haben und zu was sie fähig sind.»

Für Coupland leitet sich aus all dem für die LEGO Gruppe die Forderung nach höchster ethischer Kompetenz ab: «Die Gruppe ist geradezu moralisch verpflichtet, mit diesem Vertrauen etwas Phantastisches und Kreatives zu machen. Also nicht einfach nur Geld zu machen ...»

Quellenverzeichnis

COUPLAND, DOUGLAS: *Microsklaven*, Roman. Aus dem Amerikanischen von Tina Hohl. © 1995 by Douglas Coupland. Deutsche Ausgabe © 1996 by Hoffmann und Campe Verlag, Hamburg

DEUTSCHES ARCHITEKTURMUSEUM (Hg.): *The Gate of the Present*, Frankfurt / Main

GAARDER, JOSTEIN: *Sofies Welt*. Aus dem Norwegischen von Gabriele Haefs. © 1993 by Carl Hanser Verlag, München – Wien

GANZHORN, HANNE & OLAF THYGESEN DAMM: *Titania's Palace*, herausgegeben von LEGOLAND A/S

GLASER, PETER: *LEGOlize it – Don't criticize it*, in: Matthias Horx / Peter Wippermann: Markenkult – Kultmarken. Econ, Düsseldorf

HANSEN, W. HORN: *50 Jahre im Spiel*, herausgegeben von der LEGO Gruppe anläßlich des 50jährigen Bestehens des Unternehmens, August 1982

JENS, TILMAN: *Sucht hat 8 Noppen*, in: GEO, Hamburg

LEGO GRUPPE (Hg.): *Fair Play: Ein Leitfaden der LEGO Gruppe, Die LEGO Gruppe – und die Verbraucher, LEGO Produkte – und die Umwelt, Die Produktidee, Spenden und Sponsormittel, Spielzeugsicherheit, LEGO Review: Diverse Jahrgänge*

STIFTUNG FRAUENKIRCHE DRESDEN (Hg.): *Ein ganz persönliches Stück Weltgeschichte*

WIENCEK, HENRY: *The World of LEGO Toys*, Harry N. Abrams, New York

Die Autorin und der Verlag danken den LEGO Mitarbeitern Peter Ambeck-Madsen, Billund, und Gerd Schönheim, München, für die kritische Würdigung der Texte.

Der Verlag dankt Peter Ambeck-Madsen außerdem für seine wertvolle Hilfe bei der Bildrecherche, der Bildbeschaffung und Bildtextierung.

Bildnachweis

Folgende Archive genehmigten freundlicherweise den Abdruck der in diesem Buch enthaltenen Illustrationen:

The LEGO Archives, Billund
UNHCR, Amt des Vertreters in Deutschland, Bonn

film + tv

Katholisches Institut für Medieninformation (Hg.)
Lexikon des Internationalen Films *Das komplette Angebot in Kino, Fernsehen und auf Video*
Kassette mit 10 Bänden
(rororo sachbuch 16357)
Filmjahr 1995
(rororo sachbuch 16518)
Filmjahr 1996
(rororo sachbuch 16525)
Filmjahr 1997
(rororo sachbuch 60567)
Filmjahr 1998
(rororo sachbuch 60654)
Filmjahr 1999
(rororo sachbuch 60662)

Hans-Michael Bock (Hg.)
Lexikon Filmschauspieler International
Band 1: A – K
(rororo sachbuch 16523)
Band 2: L – Z
(rororo sachbuch 16524)

James Monaco
Film verstehen *Kunst, Technik, Sprache, Geschichte und Theorie des Films und der Medien. Mit einer Einführung in Multimedia*
(rororo sachbuch 60576)

Andy Dougan
Nahaufnahme: Martin Scorese
(rororo sachbuch 60563)

Chris Salewics
Nahaufnahme: George Lucas
(rororo sachbuch 60593)

George Perry
Nahaufnahme: Steven Spielberg
(rororo sachbuch 60564)

Ronald Bergan
Nahaufanahme: Francis Ford Coppola
(rororo sachbuch 60652)

rororo sachbuch

Harald Keller
Kultserien und ihre Stars
(rororo sachbuch 16526)

Eric Karstens / Jörg Schütte
Firma Fernsehen *Wie TV-Sender arbeiten. Alles über Politik, Recht, Organisation, Markt, Werbung, Programm und Produktion*
(rororo sachbuch 60592)

Making of ...
Wie ein Film entsteht
Band 1
(rororo sachbuch 60574)
Band 2
(rororo sachbuch 60575)

Rainer Rother (Hg.)
Sachlexikon Film
(rororo sachbuch 16515)

Peter Ettedgui
Filmkünste: Kamera
(rororo sachbuch 60661)

Weitere Informationen in der **Rowohlt Revue**, kostenlos in Ihrer Buchhandlung, und im Internet: **www.rowohlt.de**

Die Rückkehr von Big Blue

300 Seiten, Hardcover
ISBN 3-7064-0646-2

Als Lou Gerstner im Jahr 1993 das Ruder bei IBM übernahm, schien das Unternehmen in einer ruinösen Abwärtsspirale gefangen. Verluste von 8 Milliarden Dollar brachten den Industriegiganten ins Wanken – Big Blue drohte in einem gewaltigen Konkurs zusammenzubrechen.

Dieses Buch erzählt, wie ein Manager, der zuvor als Managementberater tätig war, Zigaretten, Kekse und Reiseschecks verkauft hat, den Wandel bei IBM herbeiführte. Gerstner brachte einen in der amerikanischen Wirtschaftsgeschichte beinahe einzigartigen Aufschwung zuwege.

Aber die Wende bei IBM hatte auch ihren Preis. Gerstner setzte eine dramatische Kündigungswelle in Gang, und die verbleibenden Mitarbeiter mußten sich Änderungen gefallen lassen, die an die chinesische Kulturrevolution erinnerten. Innerhalb sechs Jahren führte Gerstner bei IBM eine intensive und schnelle Arbeitsweise ein, die keiner seiner Vorgänger dem Unternehmen je zugemutet hätte. Die aktiv Beteiligten sind heute überzeugt davon, daß Gerstner genau das ist, was IBM so dringend braucht. Endlich können die Produktentwickler ihre Produkte herausbringen, ohne vor einem Dutzend Komitees in die Knie fallen zu müssen.

Nach wie vor finden sich Leute, denen Gerstners Managementstil nicht sympathisch ist. Trotz der Schönheitsfehler, die jede Hierarchie hat, funktioniert die Struktur jetzt wenigstens. Vielleicht ist Gerstner nichts weiter als ein fähiger Technokrat, ein Administrator. Wie auch immer: Seinen Job macht er gut.

Doug Garr, der in früheren Jahren Reden für IBM schrieb, ist heute als freier Journalist auf den Gebieten Wirtschaft und Technik tätig und publiziert in Zeitschriften wie New York, Business Week, Popular Science, Harper's Bazaar und GQ. Er ist Autor des Buches „Woz: The Prodigal Son of Silicon Valley". Doug Garr lebt in New York City.

http://www.ueberreuter.at
http://www.ueberreuter.de